KB230701

명상의 빛 성모마리아

명상의 빛 성모마리아

Y. 라겡 지음
김옥희 안나 수녀 옮김

한국학술정보㈜

명상의 빛 성모마리아

제 3 부 그리스도의 어머니와 우리의 어머니 ◆ 83

LE LIVRE DE MARIE

/ 109

Introduction / 111

第三部 基督之母　◆　265

서 문

　본서의 저자는 중국 대만의 '마태오 릿치 연구소'의 소장이시며 중국에서 50여 년간 계시면서 동양사상(유·불·선)에 정통하신 프랑스 신부님이시다. 내가 이 『마리아의 책』(Le Live de Marie)을 접한 것은 1983년 아시아 여자수도회 장상연합회(AMOR)에 참석하기 위해 대만에 갔을 때였다.

　교회사 연구에 필요한 자료를 구하기 위해 「마태오 릿치 연구소」를 방문했는데 그때 소장으로 계시던 이브 라겡 신부님이 이 책을 선물로 주셨던 것이다. 나는 이 책을 성모님에 대한, 흔한 묵상책 중의 하나일 것이라 생각하며 별로 대수롭게 여기지 않았다. 그러나 세미나 기간 동안 이 책을 읽다가 깊은 감명에 젖어들게 되었다. 복음성서에서 다루어진 성모님의 이야기들을 동양적인 사상과 연결시킨 풍부한 영성에 매료되었던 것이다. 그리하여 이 책을 한번 잘 번역해 보아야겠다는 마음에 생겼는데, 차일피일 미루다가 한 두 해가 지난 후 막상 번역하려고 하니 이 책에 나타나 있는 사상이나 명상을 완전히 표현하기가 어렵다는 것을 알게 되었다.

　왜냐하면, 이 책의 내용은 복음성서에서 나타나는 마리아의 생애를 영성적으로 관조한 내용으로서 이브 라겡 신부님의 동양적인 사상, 도교나 선(禪) 사상이 저변에 깔려 있기 때문이었다. 그런 까닭으로 이 책을 번역한다는 것은 대단히 어렵다는 것을 알았다. 물론 얇은 원서와 간단명료한 불어들에 내포된 언어를 우리말로 번역하기가 결코 용이하지 않았다.

그러던 중에 성바오로출판사 수녀님들이 성모성년을 맞아 이 책을 우리나라에 소개하고 싶다는 부탁을 해왔다. 고르지 못한 나의 글 솜씨와 서투른 번역에도 불구하고 이 깊은 명상서를 우리나라에 소개할 수 있다는 기쁨 때문에 쾌히 승낙을 하여 졸역을 하게 된 것이다. 본래 이 책은 1988년에 초판으로 성바오로 출판사에서 출판되었는데 금번에 불어와 중국어 원문을 첨부하여 합본으로 했다. 책명도 원문인 『마리아의 책』이라는 명칭을 쓰지 않고 이 책의 내용을 중심으로 『명상의 빛 성모마리아』로 표제를 바꾸었다. 재판을 맡아주신 한국학술정보(주)에 감사드린다.

2007년 4월 부활절에
김옥희 안나 수녀

제 1 부
마리아의 놀람

"두려워하지 말라. 마리아, 너는 하느님의 은총을 받았다(루가 1, 30)."

마리아는 순수한 인간 본연의 모습을 그대로 간직했다

마리아는 순수한 인간 최초의 본모습을 언제나 그대로 간직했기 때문에 그의 인성 안에 하느님의 말씀을 수용할 수가 있었다. 그녀는 완전하고 특별한 주님의 사랑에 의해 모든 창조물 중에 자기 안에 제일 먼저 하느님을 닮은, 손상됨이 없는 인간 본연의 모습을 순수하게 보존할 수 있었다. 모든 창조물 가운데서 마리아만이 이 은총을 받았는데 이 은총은 육화한 말씀의 어머니가 된다는 더 위대한 은총을 위한 것이었다. 이것이 바로 하느님으로부터 그토록 지극한 사랑을 받은 마리아 신비의 핵심이다.

악마의 유혹에 굴복했던 아담과 하와는 그들의 인간 본연의 순수성을 손상시켰다. 반대로 마리아는 악마를 통해서도, 세속을 통해서도, 자기 자신(ego)을 통해서도 결코 유혹에 넘어가지 않았고 그녀의 인간의 순수성도 잃지 않았던 것이다. 이것이 바로 우리가 성모를 '원죄 없이 모태에 잉태되신 자(immaculée)'라고 선언할 때 말하고자 하는 의미이다. 이러한 특별한 은총의 길이 우리에게는 알려지거나 주어지지 않았지만 우리는 이러한 은총을 믿고 있다.

마리아는, 하느님의 마음으로부터 탄생될 때 그대로의 최초의 완전하고 순결한 천성(天性)을 온전히 간직하고 있었다. 때문에 하느님의 성령은 언제나 그 안에서 아무런 방해를 받지 않고 자유롭게 활동할 수 있었다. 마리아에게 있어서는 하느님으로부터 발하는 생명의 원천이 맑고 투명했으며, 그것은 이를 흐리게 할 아무것도 섞이지 않은 순수한 것이었다.

이 원천은 너무도 맑고 투명하여 그녀 자신은 그렇다는 것을 알지도 못했다. 만일 그녀가 알았다 할지라도 그것은 모르는 것과 같은 것이었다. 어떻게 샘 자체가 그 자신의 맑고 투명함을 볼 수 있겠는가? 어떻게 빛이 그 스스로 빛남을 능히 볼 수 있겠는가? 마리아에게 있어서는 생명의 원천이 하느님께로부터 온다는 것을 알기 위해 결코 큰 노력이 필요치 않았다. 우리에게는 그렇게 어려운 이것이 마리아에게는 그녀가 본래의 순수한 모습을 잃지 않았기에 극히 단순하고, 온전히 자연스러운 것이었다.

천사가 나타났을 때 마리아는 두려워하는 것처럼 보이지 않는다. 오히려, 천사가 "은총을 가득히 받은 이여, 기뻐하여라. 주께서 너와 함께 계신다(루가 1, 28)."라고 말하면서 인사했을 때 '마리아는 몹시 당황하며 도대체 그 인사말이 무슨 뜻일까(루가 1, 29)?' 하고 곰곰이 생각했다. 만일 그녀가 몹시 당황했다면 그것은 참으로 그러한 인사를 전혀 기대하지 않았었기 때문이다. 이 인사는 그녀로 하여금 하느님으로부터 자신이 아주 특별한 방법으로 사랑받고 있음을 갑자기 깨닫게 했다. 그녀는 결코 이와 같은 일을 감히 상상할 수 없었기에 이것이 그녀를 그토록 놀라게 한 것이다.

천사가 그녀에게 두려워하지 말라고 말했다면 그것은 바로 그녀가 한순간 매우 놀랐기 때문이다. 천사는 그녀에게 이미 말한 바를 또 다른 말로 되풀이하면서 그녀를 안심 시킨다: "두려워하지 말라. 마리아, 너는 하느님의 은총을 받았다(루가 1, 30)." 마리아는 인류 역사 안에서, 하느님 앞에서 은총을 찾은 첫 번째 인간은 아니지만 절대적으로 유일한 방법으로 은총을 받은 자이다.

마리아가 이 천사의 인사말을 듣는 동안 한 줄기 내적 광명이 그녀를 꿰뚫고 지나가며 그녀의 정신을 밝혀주었다. 벌써 그녀 안에서 성령은 하느님의 편에서 그녀에게 말씀하시려는 그 말씀의 의미를 이해시키기 위해서 활동하고 있었다. 갑자기 그녀는 그 말씀의 깊이를 이해했고 이 모든 것이 진실임을 알았다. 이것을 발견한 것은 그녀가 아니라 그녀에게 계시된 그녀 자신의 은총의 충만함이었다. 자신의 내면 깊은 곳에서 솟아나는 빛 속에서처럼 그녀는 '은총으로 충만 되어 있음'과 '하느님으로부터 사랑받고 있음'을 깨달았던 것이다. 그녀는 천사의 말에 의해 그 은총과 사랑을 믿었고, 듣고 믿은 이것은 즉시 하나의 체험이 되었던 것이다. 마리아는 자신이 '하느님에게 완전히 사랑받고 있다는' 사실을 보고 알며 그와 같은 자신을 사랑한 것이다.

이것은 마리아에게 있어서 그녀의 생애의 가장 위대한 첫 번째 깨달음이다. 즉 모든 인류가 스스로 죄인이라고 깨달은 반면에 마리아는 자신의 무죄함을 깨달았다. 이것은 그녀 자신의 가장 깊은 내면에 존재하는 자아의 실재성에 대한 '각성'이며 그녀가 하느님과 맺고 있는 관계의 깊이에 대한 깨달음이다. 이로 인해 진실로 천사는 그녀에게 "기뻐하라. 마리아여……"라고 말할 수 있었다.

물론 이 찰나에 비로소 그녀가 하느님의 사랑을 받기 시작한 것은 아니었다. 하느님은 항상 그녀를 사랑했다. 그녀가 태어나기 이전부터, 잉태되기 이전부터 항상 하느님은 그녀를 사랑했다(이 책 제8장, 41면 참조). 이는 하느님의 빛 속에서의 자신에 대한 놀라운 인식과 자신에로의 놀라운 돌아옴이다. 그것은 여성으로서의 자기 자신 안에서, 장차 하느님 아들의 어머니가 될 자요, 성부에게서 태초로부터 사랑받는 딸을 발견하는 커다란 기쁨이다.

어떻게 그런 일이 있을 수 있겠습니까?

천사는 인사가 끝난 후에 곧 그 인사의 의미에 대해 안심을 시키면서 마리아에게 대답했다: "이제 아기를 가져 아들을 낳을 터이니 이름을 예수라 하여라. 그 아기는 위대한 분이 되어 지극히 높으신 하느님의 아들이라 불릴 것이다. 주 하느님께서 그에게 조상 다윗의 왕위를 주시어 야곱의 후손을 영원히 다스리는 왕이 되겠고 그의 나라는 끝이 없을 것이다(루가 1, 31-33)."

마리아는 이 말씀의 선언이 바로 그 순간에 실현되리라는 것을 알았다. 이것이 곧 그녀가, 약혼했던 요셉과는 부부관계가 전혀 없었음을 간단히 시사하면서 단순하게 다음과 같이 물었던 이유이다: "이 몸은 처녀입니다. 어떻게 그런 일이 있을 수 있겠습니까?(루가 1, 34)."

우리는 그녀의 이와 같은 대답을, 결혼 이후에도 동정으로 머물러 있을 것을 결정한 것으로 해석할 수도 있다. 그러나 현재로서는 "나는 한 남자와 부부관계를 가지지 않았다."라는 사실에 대한 단순한 단언으로 해석하면 충분하다 하겠다.

마리아의 이와 같은 완전히 실제적인 질문에 천사 역시 완전히 실제적인 방식으로 응답했다: "성령이 너에게 내려오시고 지극히 높으신 분의 힘이 감싸주실 것이다. 그러므로 태어나실 그 거룩한 아기를 하느님의 아들이라 부르게 될 것이다(루가 1, 35)." 이 말 속에는 아무런 과장이 없고 마음을 감동시키는 애정이 담긴 말도 없다. 그저 오직, 그녀에게 곧 이루어질 하느님의 일에 대한 단순한 전달만이 들어 있는 것이다.

마리아가 자신의 가장 깊은 내면에서 하느님으로부터 사랑받고 있음을 체험한 이상 모든 것은 단순하다. 그녀는 별난 방법으로 잉태하게 될 것이나, 그것은 하느님의 특별한 활동에 의한 잉태로서 이제 마리아에게 있어서 이것은 대단히 자연스러운 것으로 느껴진다. 하느님 편에서 그것은 극적인 활동 없이도 드러나는 전능의 표현이 되며 마리아 편에서도 황홀경이나 삼매경은 없었다. 이 만남에서의 모든 것은 어리둥절할 만큼 단순했다. 마리아가 하느님으로부터 얼마나 사랑받는가를 이해한 이상, 하느님에게나 마리아에게나 모든 것은 지극히 단순했다.

마리아는 동정녀이다. 그녀는 천사에게 이 사실을 다시 한번 더 강조했다. 성루가 복음사가가 성모영보 이야기를 다음과 같은 말로써 시작하고 있는 것도 이 때문이다: "엘리사벳이 아기를 가진 지 여섯 달이 되었을 때에 하느님께서는 천사 가브리엘을 갈릴래아 지방 나자렛이라는 동네로 보내시어 다윗 가문의 요셉이라는 사람과 약혼한 처녀를 찾아가게 하셨다. 그 처녀의 이름은 마리아였다(루가 1, 26-27)." 모든 것은 마리아가 동정녀라는 사실에 관련되어 말해지고 있다. 그녀는 원칙적으로 남자를 알지 못하기 때문이 아니라 그녀가 하느님을 '알고', 하느님은 그녀를 '알기' 때문에 바로 그로 인하여 영원히 동정녀일 수밖에 없는 것이다.

마리아가 '영원한 동정녀'가 되는 것은 그녀가 성령의 덕능을 통해 성부와 맺은 관계의 고유한 특성에 의해서이다. 마리아는 모든 생명의 원천이신 성부께 결합했고 결합되되 아주 독특한 관계에 의해 결합되어서 그녀가 결혼 생활 안에서도 동정으로 머물지 않는다는 것은 상상하기가 어려울 정도이다. 우리는 하느님께 대한 그녀의 전적인 내어맡김의 행위가 이를테면 그녀가 항상 동정일 것을 전제한다고 말할 수 있다.

마리아는 이제 성령께서 그녀 자신의 가장 깊은 은밀한 내심에서 체험케 한 증거 외의 어떠한 다른 보증도 필요로 하지 않는다. 다만 그녀를 안심시키고 그녀에게 일어날 일에 관해 그녀가 이야기하고 싶을 때 누구를 찾아가야 할 것인가를 알려주기 위해 천사는 다음과 같이 덧붙여 말한다: "네 친척 엘리사벳을 보아라. 아기를 낳지 못하는 여자라고 하였지만, 그 늙은 나이에도 아기를 가진 지가 벌써 여섯 달이나 되었다. 하느님께서 하시는 일은 안 되는 것이 없다(루가 1, 36 – 37)." 마리아가 천사의 말을 믿는 데에 이 이상의 어떤 증거가 필요하지 않았다. 그럼에도 불구하고 그녀는 즉시 그의 사촌을 보기 위해 출발했고 자신의 마음속에 있는 말을 할 수 있는 상대를 가질 수 있었다. 요셉에게 이 일에 관해 말하는 것은 문제가 되지 않았다.

마리아는 자신의 본래의 순수성과 그녀에 대한 하느님의 사랑을 깨달았다. 그러므로 그녀는 가식이나 가장된 겸손 없이 단지 하느님에 대한 사랑으로, 그 사랑에 완전히 자신을 맡기고 던져버리는 행위 안에서 "이 몸은 주님의 종입니다. 지금 말씀대로 저에게 이루어지기를 바랍니다!"라고 말할 수 있었다. 이와 같이 그녀는 그녀 안에서 이루어지고 있는 하느님의 행위 – 그녀를 당신 아들의 어머니로 만드는 – 에 대해 동의했고, 가장 위대한 신비가 성취되었다. "그러자 천사는 마리아에게서 떠나갔다(루가 1, 38)."

두 가지 모습

천사가 마리아에게 그녀의 아들이 장차 어떻게 되리라는 것을 설명할 때 천사는, 자신들의 종교적 전통을 잘 알고 있는 모든 이스라엘 사람들에게 친숙한 표현들을 쓰고 있다. 여기서 중요한 것은-하느님은 원래 인간의 언어로 말씀하시지 않으므로-이것이 복음사가들에 의해서 상상되었는가의 여부와 그 대화가 어떠했는가를 아는 것이 아니다. 다만 그 대화가 우리에게 알리려고 했던 메시지를 받아들이는 것이 중요하다. 하느님 자신이 마리아에게 이해시키기를 원하던 실재는 루가사가가 우리에게 그것을 알리기 위해 기록한 말들을 무한히 초월하는 것이다.

"이 몸은 처녀입니다." 다시 말하면 남자와 관계하지 않았습니다. 그런데 "어떻게 그런 일이 있을 수 있겠습니까?"라는 마리아의 질문에 천사는 그녀가 어떻게 잉태하게 될 것인가를 설명한다. 그녀에게서 태어날 아기는 요셉의 아들이 아니고 삼라만상 안에서 활동하는 하느님의 권능 자체인 성령의 특별한 활동에 의해 잉태될 아기이다. 마리아가 잉태하게 되는 것은 하느님의 최초의 숨결인 성령에 의해서이다. 그러한 까닭으로 이 아기는 '거룩하며' '하느님의 아들'이라 불릴 것이다. 이처럼 하느님의 아들은 아주 특별한 방법으로 하느님의 아들이 된 것이다. 이것이 바로 루가사가가 우리에게 이해시키고자 한 것이다.

사람들은 예수가 인간적인 잉태의 질서에 따라서는 요셉의 친아들이 되는 동시에 성령의 특별한 활동에 의해서는 하느님의 아들이 되는 것은 충분히 가능하다는 의견이 종종 표명되는 것을 본다. 주님에게는 '불가능이 전혀 없기' 때문에 이러한 일이 그 자체로 가능하다. 그러나 복음의 이야기가 우리에게 이해시키고자 하는 것은 확실히 그것이 아니다. 복음의 본문과 복음사가의 의향에 충실하다면 이 메시지의 극단성을 그대로 받아들이는 것이 보다 정직한 것이다. 즉 예수는 특별한 방법으로 잉태되었으며, 만일 모든 인간이 '하느님의 자녀'라면, 예수는 절대적인 방법으로 하느님의 자녀인 것이며 바로 여기에 그 메시지의 힘이 있다고 하겠다.

우리가 놀라지 말아야 할 것은 세계의 모든 종교 안에서 인간 천성의 가장 깊은 내면은 자신이 하느님을 닮은 신적인 기원을 지닐 뿐 아니라 자신이 곧 신(神)임을 발견하고 싶은 욕망을 간직하고 있다는 점이다. 그것은 바로 우리 존재의 심층에 감춰져 있는 본질적인 원형들 중의 하나라고 할 수 있다. 그러므로 우리 삶의 길에서 어느 날엔가 우리에게 "당신이 그렇게 되려고 꿈꾸던 존재가 바로 나요."라고 말해 줄 수 있는 누군가를 만나는 것을 어찌 즐거워하지 않겠는가? 예수 안에서 이와 같은 전 인류의 꿈이 실현되었다. 이 놀라운 사실은 우리에게 엄청나지만 참된 결과를 가져다주었다: 예수 안에서 우리는 그와 같은 존재 즉, 아버지의 사랑을 받는 외아들들이 된다. 이것이 첫 번째 모습 즉, 하느님의 아들이라는 모습이다.

그러나 천사는 또 다른 하나의 모습을 제시한다: "주 하느님께서 그에게 조상 다윗의 왕위를 주시어 야곱의 후손을 영원히 다스리는 왕이 되겠고 그의 나라는 끝이 없을 것이다(루가 1, 32－33)." 이제 아기는 그의 인간적 혈통 안에서 소개된다. 마리아도 요셉과 마찬가지로 온전히 다윗 가문의 후손이었음에 틀림없다. 아기는 영원히 '야곱의 후손'

을 통치할 것이다. 여기에 중요성이 있다. 마리아에게서 태어날 아기는 이스라엘의 정신적이고 인간적인 모든 전통의 상속자가 되는 것이다.

이 두 번째 모습은 그 아들이 어떠한 존재인가 하는 것을 마리아에게 이해시키기 위해 첫 번째 모습만큼이나 중요한 것이었다. 아마도 그녀는 마음속으로 위대함에 대해 그녀가 간직한 기억들을 하나하나 떠올려 보았을 것이다. 이것은 불가능한 일이 아니다. 왜냐하면 그녀는 장차 그 아기가 위대한 사람이 될 것을 알고 있었기 때문이다. 그럼에도 불구하고 그녀는 실제로 그 아기가 어떤 인물이 될 것인지를 이해하기가 어려웠다. 그녀는 메시지로부터 그녀가 알아들을 수 있는 것에 모든 주의를 기울였다.

이러한 두 가지 모습은 마리아가 아기를 잉태하기 전에 먼저 그녀의 머릿속과 마음속에 이 아기의 모습을 상상하는 데에 꼭 필요한 것이었다.

이 하느님의 아들은 동시에 참된 인간의 아들이며, 아브라함의 아들이며 이스라엘의 아들이며 바로 마리아 그녀의 아들인 것이다. 세상의 모든 어머니가 그 아들을 위하여 한 것처럼 마리아도 그에게 육체를 주었다. 성바울로가 말했듯이 놀라운 신비가 바로 그녀에게서 실현되었던 것이다: "때가 찼을 때 하느님께서 당신의 아들을 보내시어 여자의 몸에서 나게 하시고 율법의 지배를 받게 하셨다(갈라 4, 4)." 그리고 또한 성바울로가 그의 그리스도인들에게 "이제 여러분은 하느님의 자녀가 되었으므로 하느님께서는 여러분의 마음속에 당신의 아들의 성령을 보내주셨습니다. 그래서 여러분은 하느님을 '아빠, 아버지'라고 부를 수 있게 되었습니다(갈라 4, 6)."라고 단언할 수 있다면 하물며 이 동일한 성령에 의해 잉태된 예수에 대해서는 얼마나 더 그러하겠는가! 우리는 은총에 의해 하느님의 아들들이지만 예수는 본성과 본질로써 하느님의 아들인 것이다.

하느님이 마리아에게서 이룬 일

그리스도교 신자들이 마리아에 대해 어떤 헌신을 하였는가를 우리는 너무도 잘 알고 있다. 그러나 우리는 하느님이 마리아에게 한 일에 대해서는 충분한 주의를 기울이지 않는다. 그런데 핵심은 바로 여기에 있는 것이다. 수 세대에 걸쳐 사람들은 하느님이 마리아를 통해 어떤 일을 이루었으며, 전 인류에 대한 그의 사랑, 특히 그의 아들을 믿었던 사람들에 대한 사랑을 그녀를 통해 어떻게 입증했는가에 대해 알고자 많은 노력을 해왔다. 그러나 아마도 우리는 마리아에게 하느님이 무엇을 했는가에 대해서는 충분한 주의를 기울이지 않은 것 같다. 물론 이 문제는 우리가 완전하게 밑바닥까지 결코 도달할 수가 없는 신비라는 것도 나는 잘 안다. 그러나 우리는 적어도 우물가에 앉아 수면을 통해 비치는 하늘을 명상해 볼 수는 있을 것 같다.

이 오묘한 신비는 마리아의 존재의 가장 깊은 내면에서 이루어진 것이다. 이 사실만으로도 이 신비는 그 깊이를 헤아릴 수 없는 것이 되기에 충분하며 게다가 하느님이 그녀를 위해 한 것은 더욱더 우리 이해의 범위를 뛰어넘는 하느님의 활동이다.

그러나 마리아는 어디까지나 항상 인간으로 남아 있다. 이것이 우리 존재의 가장 깊은 내면과 그녀의 가장 깊은 내심을 비교해 들여다봄으로써 우리가 한 가닥 서광을 엿볼 수 있는 까닭이다. 하느님은 그녀 안에서 큰일을 성취했지만 우리 안에서도 역시 그와 같은 큰일을 성취했다. 물론 마리아 안에서 이룬 일이 더욱 위대하겠지만 틀림없이 우리 안에서 이루어지는 그분의 활동을 통해 우리는 마리아 안에서의 그분의 활동을 조금은 추측해 볼 수 있다.

우리는 여기서 인간 인식에 있어서 가장 기본적인 문제 중의 하나에 접근했다. 우리에게는 우리 자신의 인식에 도달하기 위해 대단히 큰 노력이 필요하다. 그리고 아직도 우리는 심연의 변두리에서 배회하고 있는 것이다. 그러나 하느님은 직관 속에서 우리로 하여금 그분이 우리를 창조하면서 우리에게 무슨 일을 했는가를 깨닫도록 한다.

순간적으로 비치는 그분의 빛 안에서 우리 내면의 시선은 우리 존재의 가장 깊은 곳, 우리 존재의 중앙부로 깊이 파고들어 갈 수가 있으며 그때 우리는 우리가 바로 그분의 모상대로 지음 받았음을 깨닫게 되는 것이라 하겠다. 즉 하느님은 우리를 '그분의 모습으로, 그분을 닮게(창세 1, 26 참조)' 창조했음을 알 수 있다. 이것이 바로 그분이 우리에게 이룬 일이다. 하느님 자신이 우리에게 그분의 빛 안에서 이것을 체험케 한다면 우리는 행복한 자이다. 이것은 모든 희망을 뛰어넘어 우리를 충만히 채워주는 체험이다. 왜냐하면 우리는 우리의 육적 존재라는 한계 안에서 이 체험을 하기 때문이다.

마리아 또한 천사의 말을 듣고 찰나의 빛 속에서 하느님이 그녀에게 베풀어준 일을 명백하게 깨달았던 것이다: 즉 한 인간 존재가 도달할 수 있는 가장 완벽한 '그분의 모상'을 자신 안에서 발견한 것이다. 한 순간에 그녀는 자신의 가장 깊은 심층 즉, 하느님이 그녀를 지금의 그녀로 만든 곳에로 이끌려 들어갔다. 하느님은 마리아를 초인간적 존재로 지은 것이 아니라 완전한 한 인간, 절대적으로 참된 인간, 아담과 하와가 하느님의 손에서 나올 때보다 더욱 완벽한 인간으로 지었다.
이 세계의 모든 신비가들은 인간 본래의 천성으로 되돌아감으로써 이 '완전한 인간', 이 '참된 인간'을 실현하려 노력했다. 마리아는 재창조될 필요가 없었다. 그녀는 완전한 상태에 있었기 때문에 이 상태에 다시 도달하기 위한 단 한 번의 노력도 할 필요가 없었다. 그녀는 태초부터 '참된 피조물', '참된 여인'이었기 때문이다.

도교(道敎)에서는 완전함의 가장 높은 경지가 '성인'(聖人)의 상태가 아니라 인간의 본원적인 자아를 회복한 '진인'(眞人)의 경지라고 한다. 마리아는 인간적 범주 가운데서 가장 완전하였다. 하느님은 그녀를 그렇게 지었고 그녀 역시 최초의 인간 본래의 순수함과 청정함을 보존했던 것이다. 단지 하느님은 천사의 중개를 통해 이와 같은 것을 그녀에게 깨닫게 해야 했다. 엘리사벳과의 만남은 그녀로 하여금 이것을 더욱 깊이 깨닫게 하였으므로 그녀는 구원자 하느님 안에서 충만한 기쁨으로 용약했던 것이다.

우선 하느님은 그녀를 그의 독생성자의 어머니가 되게 하기 위해 완전한 피조물로 창조했다. 그녀는 특별한 은총에 의하여 완전하게 되었으며 그녀가 가히 놀라운 존재인 것은 그녀가 초인적이어서가 아니라 완전히 인간적이고 완전히 참되기 때문이다.

그녀에게 '가득 채워졌던' 은총은 그녀를 인간 조건 이상으로 끌어올리는 것이 아니라 그녀의 인간 본질의 모든 층을 통하여 작용한다. 그것은 그녀를 덮는 망토가 아니라 그녀가 성부의 아들 성자를 잉태할 수 있도록 그녀의 존재를 꿰뚫은 사랑이다.

이러한 모든 것은 바로 그녀가 '원죄에 물듦이 없다'는 것과 그녀의 내밀한 존재는 한 번도 죄에 물들지 않았다는 것을 말하는 또 다른 방법이다. 이러한 의미에서 그녀는 이미, 죄악이 무엇인가를 경험을 통하여 알고 있는 우리들과는 매우 다르다. 하느님이 우리에게 이룬 일 즉, 그분 자신의 살아 있는 형상들로 우리를 창조한 일을 우리는, 하느님이 우리를 심술궂게 창조하였다고 믿을 정도로 망쳐놓았다.

　그러나 결코 그렇지 않다. 우리는 바로 마리아를 바라보면서 하느님이 최초에 우리를 죄 없이 순수하게 창조했음을 알 수 있다. 죄악은 하느님이 우리에게 준 자유의지의 오용으로 말미암아 인간의 마음속에 스며들게 된 것이다. 하느님이 마리아에게 이룬 일을 통해 우리는, 마리아처럼 하느님께 전적이고 절대적인 '예'를 하는 대신 '뱀'에게 '예'를 하는 죄를 범하기 이전의 인류가 어떠했을까를 상상할 수 있다.

VIERGE DE CHATEAUDUN, PIERRE (XVᵉ S.).

주님의 어머니

마리아가 엘리사벳에게 문안하였을 때 엘리사벳의 복중의 아기가 기뻐 뛰놀았고 엘리사벳은 부르짖었다: "주님의 어머니께서 나를 찾아주시다니 어찌된 일입니까?(루가 1, 43)." 주님은 마리아에게 무엇을 했는가? 그분은 그녀를 어머니로 삼았다. 참으로 주님의 어머니로!

하느님은 단순히 마리아로 하여금 당신 자신의 아들이 될 한 아기를 잉태하게 했을 뿐만 아니라 마리아를 참으로 주님의 어머니가 되게 했다. 이것이 바로 하느님이 그녀에게 부여한 능력인 것이다.

마리아는 그녀의 전존재로서 이 모든 것 즉, 말씀의 잉태와 강생에 연결되었다. 내가 말하고 싶은 것은 마치 그녀가 단순히 하나의 도구일 뿐인 듯, 하느님이 그녀에게 이룬 일, 그녀에게 가능케 한 일을 단순하게 생각해선 안 된다는 것이다. 먼저 그녀를 있는 그대로 보아야 할 것이다. 하느님은 그녀를 참으로 주님의 어머니로 삼았고, 하느님과 마리아의 관계는 참으로 남편과 아내의 관계였다.

하느님이 인간을 창조했을 때 그는 이미 인간 안에 자신의 고유한 생명을 투입시켰던 것이다. 그러나 지금 이 투입은 더욱더 위대한 것이다. 인간이 처음 창조되었을 때 하느님은 시간적이요, 공간적이며 육체적인 존재 속에 자기 자신의 모상만을 투입했다. 그러나 이번에는 그는 완전하고 절대적인 방식으로 자기 자신을 투입했다.

그는 만물의 주님이고 마리아의 중개로 인간의 삶을 살게 될 '영광의 왕(시편 24, 7)'이다.

요한은 인간 존재 안의 하느님의 이 새로운 개입을 한 문장으로 표현하였다: "말씀이 사람이 되셔서 우리와 함께 계신다(요한 1, 14)." 그리스도교 신앙은 이 새로움에 상응하는 단어를 만들어냈는데 그것이 곧 육화(肉化, l'Incarnation)라는 단어이다. 하느님이 인간의 혈육 속에 들어오신 이 육화의 사건 때문에 마리아는 '하느님의 어머니'라고 불리게 되었다.

성부의 완전한 표현인 하느님의 말씀이라고 우리가 칭하는 분, 요한이 "천지가 창조되기 전부터 계셨고 하느님과 함께 계셨으며 하느님과 똑같은 분(요한 1, 1)"이라고 우리에게 말하는 그분이 바로 동정 마리아에게서 '육을 취한' 분이다. 이상의 모든 것은 사물의 논리에 부합된다. 과연 '모든 것이 그분에 의해 창조되었다'고 할 수 있으며, 또한 태초부터 모든 것에 '생명'을 부여하고 '인류의 빛'으로 나타난 분이 그분이라면 스스로 인간이 되기 위해 그분이 거기서 한 걸음 더 나아간다는 것은 더 이상 있을 수 없는 일 같지 않다.

여기에서 우리는 만물의 창조주인 하느님과 그의 창조물인 인간의 관계에 대한 오묘한 신비에 접근하고 있다. 이 육화 안에서 하느님은 인간과 사랑의 관계라는 새로운 관계를 체결한다. 이 신비의 열쇠는 그리스도가 니고데모에게 "하느님은 이 세상을 극진히 사랑하셔서 외아들을 보내 주시어 그를 믿는 사람은 누구든지 멸망하지 않고 영원한 생명을 얻게 하여주셨다(요한 3, 16)."라고 말했을 때 그리스도 자신에 의해 인간에게 주어졌던 것이다.

세상의 생명 안에로의 하느님 개입의 진행과정을 살펴볼 때 세 가지 단계가 나타남을 확인할 수 있다.

첫 번째 단계는 요한이 하느님의 말씀에 대해 "모든 것은 말씀을 통하여 생겨났고 이 말씀 없이 생겨난 것은 하나도 없다(요한 1, 3)."라고 기록

했을 때 표현되었다. 창조자요, 절대자인 분과 피조물과의 이와 같은 관계는 모든 종교와 기도에 대한 모든 가르침 안에서 찾아볼 수 있는 것이다.

두 번째 단계는 "생겨난 모든 것이 그에게서 생명을 얻었으며 그 생명은 사람들의 빛이었다(요한 1, 4)."라는 말에 의해 표현되었다. 이 두 번째 단계는 모든 영성학파와 대부분의 종교 안에서 실현되고 인지되었음을 우리는 알 수 있다. 이처럼 우리는 도교의 철학이나 그 신비사상 안에서 '생명의 빛'이라는, 우리에게 너무도 친숙한 개념을 발견할 수 있다. 관상에 대한 수많은 영성적 교의가 빛의 이러한 차원에서 멈추어버렸다. 이때 관상의 최고 결실은 계시와 접근할 수 없는 빛 안으로 들어감이다.

그러나 육화에 의해서 주님은 자신의 피조물과 훨씬 밀접한 관계를 맺는다: 생명과 빛 너머 그분은 인간과 사랑의 관계를 창조한다. 이와 같이 하느님의 참여의 세 가지 단계를 볼 수 있다. 그분은 생명의 하느님이며 빛의 하느님이고 마지막으로 사랑의 하느님이 되신다.

어떤 종교에서는 이 사랑의 관계를 인식한다. 그러나 모두가 다 그렇지는 않다. 이 점에 있어서 그리스도교는 인류의 체험에 결정적인 한 걸음을 내딛게 했다. 그분이 생명이고 빛인 것만으로도 괜찮은 일인데 그분이 사랑이며 당신 피조물을 사랑할 수 있다는 것은 우리의 상상을 초월하는 일이다. 그러나 이것이 바로 그리스도의 메시지의 핵심인 것이다.

이 메시지의 최초의 접근은 하느님께서 파견한 천사의 입을 통해 이루어졌다: "은총을 가득히 받은 이여, 기뻐하여라. 주께서 너와 함께 계신다(루가 1, 28)." 그 다음 구절이 보여주는 바와 같이 이 메시지는, 하느님과 그의 피조물과의 사랑의 결합을 준비하는 사랑의 메시지이며, 그리스도가 자신이 성부를 사랑하고 성부의 사랑을 받는 것처럼 우리도 그렇게 되도록 하기 위해서 끝없이 반복할 메시지이다.

시간의 충만

천사가 마리아를 만나러 왔을 때 마리아는 다른 사람들과 그녀 자신에게까지도 전혀 알려지지 않았다. 이 세상의 역사 안에서 극히 작은 부분을 차지할 뿐이었지만 이 만남은 바로 시간과 영원이 서로 결합한 사건이었다. 이 순간이야말로 우주와 인류 역사 안에서 가장 중요한 순간이며 오직 하나밖에 없는 문턱이 된다. 하느님은 놀라운 한 걸음을 내딛었는데 그 한 걸음은 우리의 생각이나 상상을 초월하는 것이었다. 이미 그는 인간을 창조하던 순간에 인간에게 자신의 입김을 불어넣는 행위로써 놀라운 한 걸음을 내딛었다. 지금 그는 인간의 역사 안 뿐만 아니라, 인간의 생활조건 그 안에 들어오게 된 것이다.

무엇 때문에 그는 그 순간, 그곳에서 마리아라고 불리는 이 처녀에게 사자(使者)를 보내면서 그렇게 하였는가? 우리는 결코 대답할 수가 없을 것이다. 이 모든 것은 우리가 이 세상에서 그 흔적 이상의 것은 아무것도 볼 수 없는 어떤 과정의 일부인 것같이 보인다. 우리의 땅 위의 하느님 발걸음의 흔적이 현실이 될 수 있으리라고 누가 생각할 수 있었겠는가? 많은 종교에는 자기들의 발자국의 흔적을 남기는 신들의 도래에 대한 깊은 신앙이 있다. 그러나 우리가 한 번도 상상할 수 없었던 이와 같은 모습은 여기서 현실이 된다.

하지만 하느님이 또 하나의 행동을 취하였음은 틀림없는 사실이다.

나는 천사의 이러한 출현이 약간 어색하다고 말하는 성서 주석가들이 있다는 것을 안다. 그러므로 우리는 우리에게 필요불가결한 상징이나 형상 너머로 현실을 보기로 하자: 하느님은 마리아를 향해 내려왔다. 왜 나자렛에? 왜 그 시기에? 왜 이 처녀에게? 우리의 이해의 한계를 초월하는 무엇 때문에, 어떻게라는 이유와 방법은 놓아두고 단지 결과적으로 중요한 사실만을 받아들이도록 하자. 이 모든 것은 하느님 활동의 오묘한 무상성이 드러나는 심오한 계획의 표현이다.

성바울로는 이 역사적 순간을 '때가 찼을 때(갈라 4, 4)'로 표현했다. 그분이 역사할 시간이 완성되었고, 인류는 우리가 육화라고 부르는 이 하느님의 일을 위해 완전히 준비되었다는 것이다: "이와 같이 우리도 어렸을 때에는 자연숭배에 얽매여 종노릇을 하고 있었습니다. 그러나 때가 찼을 때 하느님께서 당신의 아들을 보내시어 여자의 몸에서 나게 하시고 율법의 지배를 받게 하시어 율법의 지배를 받고 사는 사람을 구원해내시고 또 우리에게 당신의 자녀가 되는 자격을 얻게 하셨습니다(갈라 4, 3－5)."

하느님은 인류에게 나타나기 위해서 인류 역사의 리듬을 수락했다. 그리스도는 그 자신 스스로 이 시간의 움직임 속에 들어올 것이다. 그리스도 역시 하느님 의지와 인류 역사의 이 수렴점에 이를 때까지 서둘지 않고 기다리는 그 자신의 '때'를 가질 것이다. 그리스도는 온전히 하느님의 아들이면서도 고통과 기쁨을 통해 자신을 '그의 고유한 완성에로 이끌어갈(히브 5, 9 참조)' 긴 여정을 살 것을 받아 들였다(이 책 제26장, 109면 참조).

그러나 단순히 하느님의 '시간'과 인간의 시간과의 일치만이 문제가 되는 것이 아니고 오랜 기간에 걸친 인간 발전의 완성이 보다 더 중요한 문제이다. 인류 가운데서 성자의 모친이 될 수 있는 여인이 나오기를 인류는 기다려야 했다. 그녀는 확실히 원죄 없이 잉태되었고 하느님의 사랑을 받은 여인이었다. 그러나 그녀 역시 '존재의 특별한 자질'이라고 표현할 수밖에 없는 그러한 경지에 도달해야 했고 하느님은 친히 그와 같은 성숙의 시기를 기다려야 했다.

인류 역사를 한번 연구해 보면 우리는 이 역사가 조금씩 대단히 완만하게 내적으로 진보해왔음을 알 수 있다. 거친 성격도 있고 모든 훌륭한 자질로 풍부한 성격도 있다. 마리아는 후자의 예외적인 영혼들, 예외적 존재들 가운데 하나이다. 그녀는 예외적일 정도로 그러했다. 그러나 이것을 우리가 함부로 상상해서는 안 된다. 왜냐하면 그녀 자신만이 그녀를 절대적으로 인식할 수가 있기 때문이며 우리는 다만 신앙 안에서 그것을 확신할 수 있을 뿐이기 때문이다.

마리아가 나타나기까지 인류에게는 시간이 필요했다. 그녀는 하느님이 인류를 완성시키기 위해 세웠던 계획을 실현하기 위한 긴 과정의 종점이라고 할 수 있다(도교의 사상 안에서 우리는 절대자에 대한 추구의 노력을 볼 수 있다. 각기 다른 차원의 성덕에 따라 점점 놀라운 특성이 부여된다. 그런데 최고의 경지는 인간 존재의 완성의 극점에 도달한 자의 경지이다. 이 완성된 존재는 그 천성(天性)을 그대로 따르는 '진인'(眞人), '완전히 참된 인간 존재'로 정의된다. 도교 철학에서 '지인'(至人)은 완전에 도달한 자, 그 인간성의 절정에 도달한 자란 뜻이다. '진인'은 '참된 인간'이며 인간성 본래의 순수한 천성을 실현한 사람이다. 여기서 주목할 만한 것은 이 완성은 우리가 '초자연적' 완성이라고 부르는 데에 이르는 통로로 생각되지 않은 점이다. 그러나 이러한 완성은 초월적이고 절대적인 '도'(道)가 인간 존재의 가장 깊은 곳에서 활동할 때에만 실현될 수 있다).

우리 인간성이 여러 면에서 비참하다 하더라도, 진실로 우리 인간들 중의 하나이며 하느님의 은총에 의해 인간의 완성을 실현한 이 여인을 탄생시켰다는 것은 우리 인류의 기쁨이다. 창조 이래로부터 마리아가 출현하기까지 얼마나 긴 시간이 흘러야 했던가? 우리는 그것을 결코 알 수가 없을 것이다. 우리는 다만 어느 날 하느님의 천사가 한 처녀에게 "너는 하느님의 사랑을 가득히 받은 자다"라고 말할 수 있었다는 것을 알고 있을 뿐이다.

성삼(聖三)과 마리아

우리는 마리아를 위대한 자로 만들기 위해 그녀를 소위 여신처럼 높일 필요가 없다. 다만 하느님이 그녀를 바라보는 그 깊이에서 우리도 그녀를 바라보는 것으로 충분할 것이다.

하느님은 자신의 시선을 그녀에게로 돌렸고 사랑의 은총에 의해 온전히 아름다우며, 그녀 자신으로서 아름다운 그녀를 보았다.

하느님은 당신 자신의 것인 이 아름다움을 그녀의 아름다움, 그녀 자신의 은총이 되게 하고자 그녀에게 주었다. 그렇지 않다면, 어떻게 그분이 그녀를 이렇게 사랑할 수 있겠는가?

하느님은 그녀를 더욱 아름답게 만들기 위해서 당신 자신의 모습을 닮게 하였으나 그렇다고 해서 그녀를 인간 조건으로부터 끄집어낸 것은 아니다. 인간의 광휘는 바로 하느님의 빛살이다. 인간이 점점 더 하느님 안에 뿌리를 내릴수록 그는, 하느님 손안에서 나온 미천한 피조물의 상태를 벗어남이 없이 더욱더 하느님의 모습을 닮게 된다. 이것이 바로 마리아의 신비이며, 단순히 그녀의 생애를 보여줄 뿐인 이 『마리아의 책』 속에 쓰인 신비라고 할 것이다.

마리아가 자신의 여성적 존재 안에 성부의 아들을 잉태할 수 있었던 것은 그녀 안에 거룩한 신적 '씨앗'을 받을 수 있는 '가능성'을 간직했기 때문이다. 이렇게 말함으로써 우리는 완전히 교부신학적 전통 안에 있게 된다. 성령은 모든 인간 안에 이미 하느님의 자녀가 되게 하는 거룩한 '씨앗'을 뿌려놓았다. 그러나 마리아의 경우에 있어서는 이 거룩한 '씨앗'은 유일한 것이다. 즉 성령은 절대적으로 특수하며 개별적인 활동으로써 마리아를 '잉태케' 했고 성부의 정배 및 성자의 유일한 모친이 되게 했다. 성령의 능력으로 잉태된 아기는 바로 성부의 말씀이고 성부의 완전한 모상이다.

마리아는 성자를 그녀의 육체 안에 영태하기 이전에 먼저 마음속에, 정신에, 신앙 안에 잉태했다. 그녀는 성부께서 그녀에게 한 제안에 '예'라고 대답했을 때 자기 의지의 가장 깊은 곳에서 아기를 잉태한 것이다.
마리아의 잉태는 그녀가 하느님과 완전히 결합되었던 그곳, 그녀의 가장 깊은 내면에서 실현되어야 했다. 이 잉태가 그녀의 '정신' 안에서 실현될 수밖에 없었던 것은 마리아가 하느님 앞에 완전히 그 자신을 비웠기 때문이다. 그녀는 완전히 고요한 땅이 되어 신성한 움직임을 기다렸고 성령께 완전히 열려 있는 땅이 되어 예민한 감수성으로 항상 깨어 있었다. 그리고 무한히 그녀를 뛰어넘으면서도 그녀 자신의 신비가 된 신비를 장차 그녀 안에서 완수할 분께 전적으로 자신을 내놓았다. 그렇지 않았다면 그녀는 참으로 성자의 모친이 될 수는 없었을 것이다.

마리아가 잉태한 아기는 하느님의 일상적인 모상이 아니라, 성 바울로가 말한 바와 같이 "보이지 않는 하느님의 형상이시며 만물에 앞서 태어나신 분이시다. 그것은 하늘과 땅에 있는 만물, 곧 보이는 것은 물론이고 왕권과 주권과 권세와 세력의 여러 천신들과 같은 보이지 않는 것까지도 모두 그분을 통해서 창조되었기 때문이다. 만물은 그분을 통해서 그리고 그분을 위해서 창조되었다(골로 1, 15-16)." 완전히 유일한 운명에 의해 하느님이 만든 이 태중은 그분의 말씀이 잉태되는 태반이 되었던 것이다. 만물을 품는 그분이 지금은 이제까지 한 번도 존재해 본 적이 없고 앞으로도 결코 존재하지 않을 한 여인 안에 갇히게 되었다. 만물의 생명의 주인이 되는 그분이 지금 그 생명을 주었던 피조물에게서 그 생명을 받는다. 이것은 인류 역사 안에서 하느님 활동의 엄청난 도치(倒置)의 신비이다.

마리아에게서 성취된 모든 것은 하느님의 비범한 활동의 결실이다. 그런데 이와 같은 활동이 마리아에게서 가능했던 것은 그녀가 이미 하느님의 뜻을 받아들일 수 있게―이렇게 말하는 것이 허용된다면―자연적으로도 준비되어 있었기 때문이다. 그녀 안에서 성삼의 형상은 한 인간 존재 안에서 가능한 한 가장 완전한 모습으로 내재한다. 그녀를 향한 하느님의 단순하지만 매우 특별한 행동이 있고 나서 마리아는 성삼과의 친밀한 관계 속으로 들어간다. 물론 그녀는 아직 하느님 안의 생명의 신비를 완전한 의식을 갖고 살지는 않는다. 곧 그 순간이 올 것이다. 지금으로서는 미천한 인간 조건 안에 있는 마리아에 있어 가능한 한도 내에서 그녀의 태중에 살고 그녀에게 자신을 계시하는 분은 하느님 자신이다.

우리는 마리아가 그녀 인성(人性)의 가장 깊은 곳에서 이미 하느님의 딸이며 모상이요, 그분의 말씀이었다고 말할 수 있다. 이리하여 그녀는 다른 모든 피조물보다 더욱더 '외아들'의 어머니, 성부의 절대적 말씀이며 완벽한 성부의 모상인 자의 어머니가 될 자격이 있었다.

이처럼 소위 자연적인 질서는 그 근본적인 깊이에서 초자연적인 질서를 포함할 수 있다'는 위대한 신학적 진리가 확인된다. 이것은 그럴 수밖에 없는데 그 까닭은 하느님은 만물을 창조하되 그들이 각자의 정도에 따라 그들 존재 자체 안에 심어진 것을 닮도록 창조했기 때문이다.

마리아는 성부의 아들을 잉태하도록 준비되고, 모든 의심이 제거된 후에 그녀의 태중에 하느님의 영원한 말씀을 받아들였고, 성령의 활동에 의해 하느님의 영원한 말씀을 잉태했다. 이 모든 것이 너무도 단순하고 자연스럽고 겸허하게 진행된 것으로 미루어 보아 우리는 마리아가 하느님으로부터의 메시지를 받았을 때 얼마만큼 밀접하게 하느님과 일치되어 있었는가를 알 수 있다.

우주가 창조되기 전에

우주가 창조되고 시간이 열리기 이전에, 우주진화론자들이 말하는 무형의 그 무엇이 형성되기 이전에 우리가 상상도 할 수 없는 신비스런 하나의 존재가 있었다. 그는 그 자신 이외의 다른 이름을 붙일 수 없는 분이다. 우리는 그분을 하느님이라고 부른다. 이는 그분을 지칭하고 이름을 붙이는 실제적인 방법일 뿐 그것이 그분의 이름이 아니라는 것을 우리는 잘 알고 있다. 하지만 우리가 '나의 하느님'이라고 말할 때 그분은 우리의 말을 들어주고 응답한다는 것도 우리는 잘 알고 있다.

이 우주가 생기기 이전에 하느님은 있었다. 그분과 함께, 그분에게서 분리될 수 없이 그분의 지혜-그의 지성이나, 이해하고 판단하며, 자신 안과 밖에서 활동할 수 있는 능력에 있어서 하느님 자신인-가 있었다. 그분을 그의 가장 신비로운 실재 안에 표현하는 이 지혜에 의해 하느님은 이 세상을 존재케 했다. 마치 놀이하듯이 하느님은 지혜를 통하여 만물을 무(無)-그분의 존재의 무가 아니라 사물들의 존재의 무-로부터 탄생시켰다. 그분의 힘과 생명의 숨결과 성령에 의해 그분은 전 우주를 생동하게 했다. 그분은 말씀으로 '생명'을 그들에게 주었고 이 말씀은 '사람들의 빛'이 되었다(요한 1, 3-4 참조).

모든 종교에서 인간은 항상 이 창조적 활동에 참여하는 존재가 되기를 꿈꾸어왔다. 인간은 만물이 생기는 시초의 그 순간, 다른 모든 시작

이전의 이 유일한 순간에 있었기를 항상 꿈꾼다. 그런데 우리가 과거의 사건이라 생각하는 이와 같은 활동이 하느님에게는 바로 오늘의 행동이며 영원히 현재의 활동이 되는 것이다. 하느님과의 가장 깊은 내적 결합에 도달한 모든 인간은 "나는 모든 시작 이전에 하느님이 만물을 창조하였을 때, 다시 말해 그분의 영원한 현재 안에서 만물을 창조하였을 때 거기에 있었다"라고 말할 수 있다.

마리아 안에서 완벽하고 참된 인간을 보는 그리스도교 전통은 시간이 열리기 전에 하느님의 생각 깊은 곳에 그녀가 존재했음을, 만물이 생기기 이전 하느님 곁의 그녀의 이 현존을 인정한다. 그러므로 교회는 창조주 곁의 지혜의 현존을 묘사하는 잠언을 마리아에게 적용하고 있다.

"야훼께서 만물을 지으시려던 한 처음에 모든 것에 앞서 나를 지으셨다. 땅이 생기기 전, 그 옛날에 나는 이미 모습을 갖추었다. 깊은 바다가 생기기 전에, 샘에서 물이 솟기도 전에 나는 이미 태어났다. 멧부리가 아직 박히지 않고 언덕이 생겨나기 전에 나는 이미 태어났다. 평평한 땅과 땅의 흙을 만드시기도 전에 나는 이미 태어났다. 그가 하늘을 펼치시고 깊은 바다 둘레에 테를 두르실 때에 내가 거기 있었다. 구름을 높이 달아매시고 땅속에서 샘을 세차게 솟구치시며 물이 바닷가를 넘지 못하게 경계를 그으시고 땅의 터전을 잡으실 때, 나는 붙어 다니며 조수 노릇을 했다. 언제나 그의 앞에서 뛰놀며 날마다 그를 기쁘시게 해드렸다. 나는 사람들과 같이 있는 것이 즐거워 그가 만드신 땅 위에서 뛰놀았다 (잠언 8, 22−31)."

도교에서나 그리스도교에서나 신비가들이 궁극적으로 실현시키고자 애쓰는 것은 바로 이 만물의 근원에로의 회귀이다. 또한 에크하르트(J. Eckhart)는 그가 영원한 하느님 안에서 어떠했으며 혹은 더 정확히 말해 현재에 그 하느님 안에 어떻게 존재하고 있는지를 우리에게 말하고 있다. 우리가 달리 표현할 방도가 없어 그분의 생각이라고 일컫는 것을 통해 이미 하느님 안에 존재하는 것이 아니면 아무것도 존재할 수 없으므로 이 근원에로의 회귀는 매우 정확한 생각이다.

그런데 이것이 모든 인간에 해당한다면 육화한 말씀과, 그의 어머니인 마리아에게는 더욱 그러하다. 이러한 것들이 단순하게 꿈들일 뿐이라고 생각하지 말자. 상상은 우리가 맞겨룸으로써는 파악할 수 없는 신비를 표현하거나 혹은 적어도 암시해주기 위해 우리를 도울 수 있다.

마리아로 하여금 하느님 아들의 어머니가 되어 달라는 부탁에 절대적인 '예'를 말하게 한 그녀 존재의 깊이는 바로 이와 같았다. 이 '예'는 신성한 존재의 결코 도달할 수 없는 이 핵심에 그 뿌리를 내려야 했다. 이리하여 이 '예'는 육화 안에서 하느님 아버지의 행위에 전적으로 결합된 것이다. 성부의 영과 마리아의 영은 아버지와 어머니의 이 공동의 행위 안에서 가능한 최대로 하나가 되었다. 이 '예' 안에서, 성부와 동정 마리아의 공동의 이 '예'를 통해서 하느님의 말씀은 마리아 안에서 마리아에 의해서 육신을 취한 것이다.

모든 인간적 욕망 너머에 그 근원을 두는 이 '예' 안에서 마리아의 동정성은 완전한 것이다. 그녀의 '예'는 절대적으로 순결한 것이다. 왜냐하면 다른 어떤 피조물도 거치지 않았기 때문이다. 그것은 다른 어떤 사람에 의해서도 공유될 수 없는 것이다. 요셉은 이것의 증인이며 어떤 의미에서는 보증인이라고 할 수 있다. 그러나 그는 마리아의 태중에 하느님 말씀이 잉태되는 행위 속에는 전혀 참가할 수가 없었다. 이와 같은 인간적 행위의 부재, 이 비움 안에서 동정녀의 잉태의 신비가 그 완전한 광휘 안에 우리에게 나타난다. 이런 이유로 복음은 '마리아라고 불리는 처녀'에게 천사가 보내졌다고 말한다. 즉 꿈속의 존재가 아니라 우리 중의 여인에게 말이다.

마리아의 첫 번째 침묵

마리아의 생애에서 우리는 세 번의 커다란 침묵을 발견할 수 있다. 첫 번째는 육화 이전의 침묵이고, 두 번째의 침묵은 탄생을 기다리는 임신의 때이며, 마지막은 그녀 생애의 마지막 침묵으로서 갈바리아에서 시작되어 그리스도교의 첫 공동체 안에서 끝나고 있다.

마리아의 생애 중에는 또 다른 침묵의 시간들이 있는데 이는 그녀가 성자의 신비에 늘 조용히 주의를 기울여온 시간들이다. 그러나 내가 말한 세 가지 침묵은 참으로 하느님과 자기 자신과 성자 안에서 하느님의 신비에 주의 깊었던 마리아의 삶의 세 단계를 특징짓고 있다. 마리아의 이러한 침묵들은 각각 밝히 설명될 필요가 있는 특별한 의미를 가진다(이 세 번의 침묵을 소개하는 데 있어서 나는 Ivan Illich의 "L'é-loquence du silence[침묵의 웅변]"이라는 글에서 영감을 받았다. 이 글은 1971년 Seuil에서 출판된 Libérer l'Avenir라는 책에 실려 있으며, Ivan Illich의 Celebration of Awareness, A Doubleday Anchor Book, p.29에 발표한 "The Eloquence of Silence"의 번역이다).

모든 침묵은 말과 상호관계가 있다. 그런데 마리아의 침묵은 다른 모든 인간들의 침묵보다 더욱 깊은 침묵이다. 왜냐하면 이 침묵은 하느님의 말씀 자체, 성부의 영원한 말씀과 관계되어 있기 때문이다. 이 말씀을 받아들이기 위해서는, 이 침묵은 모든 기대, 모든 욕망, 모든 생각에서 참으로 완전하게 비워져야만 했다. 마리아는 침묵 자체가 되었다. 더 정확히는 성부께서 그녀를 그분 앞에서 완전한 침묵으로 이끌었는데 그것은 그녀가 어느 날 그분의 말씀을 그 전체적 실재 안에서 받아들일 수 있도록 하기 위함이었다.

차츰차츰 그녀는 성서 안에서 자기에게 말하는 하느님의 말씀을 듣기 위해 침묵하는 데에 익숙해졌다. 그녀는 하느님의 신비에 대한 전적인 주의이며, 지상적인 모든 것과 자기 자신에게서도 비워진 이 침묵을 보다 잘 알게 되었다. 그녀는 그것이 자기를 어디로 이끌어 가는지도 모르는 채 침묵 중에 사는 것에 길들여졌다. 하느님은 그녀가 자신의 모든 힘과 정성을 다 쏟아 이 침묵을 충분히 실천했다고 생각했을 때 천사로 하여금 그녀에게 육화의 메시지를 갖고 가게 하기 전에 그녀를 더욱 깊은 침묵 속에 놓아두었다.

마리아는 메시아의 왕림이라는 신비 앞에서, 족장들과 왕들과 예언자들을 포함한 전 이스라엘보다도 더욱 침묵을 지켰다. 그녀는 자기의 태중에 하느님의 말씀을 받아들일 수 있기 위해 전 이스라엘의 침묵을 극한까지 몰고 갔다.

육화 이전에 마리아는 완전히 침묵했는데 그녀의 동정성은 하느님 앞에서의 전적인 침묵, 절대적인 내어맡김의 침묵에 대한 가장 강하고 뛰어난 표징이다. 그녀의 동정성은 그녀에게 있어서 그녀를 잉태케 할 한 남자가 아니라 하느님의 영에 대한 기다림이다. 몸과 마음, 정신과 전 존재의 침묵이다. 자신이 사랑받고 있으며 또 사랑하고 있음을 알고, 하느님의 권능 자체로 어머니가 되기를 기다리는 여인의 침묵이다.

교회의 전례적인 언어 안에서(대림 제4주간 주일미사 참조) 마리아는 하늘의 이슬을 기다리는 땅과 관련지어진다(집회 24: 이사 45, 8). 이와 같은 상징들은 대단히 풍부한 상징들이다. 이들이 충분히 '영성적'인

것이 아니라는 구실하에 이들을 소홀히 보아서는 안 된다. 이들은 우리에게는 종교적 체험들을 암시하는 기본적인 상징들이다. 보다 지성적인 신학이 옆으로 치워놓는 경향이 있는 가장 단순하고 기본적인 이 상징들이 가장 높고 가장 깊은 신비적 체험 안에서 그들 본래의 모든 의미를 되찾고 있음은 매우 주목할 만한 일이다.

마리아의 기다림은 간구하는 기다림이라고 부를 수 있는 기다림은 아니었다. 대림시기의 전례 안에서 교회는 열렬한 어휘로써 그리스도의 오심에 대한 갈망을 표현한다. 그리스도의 오심은 실제로 인간 마음의 공허를 채워줄 것이다. 마리아의 기다림은 우리의 기다림보다 훨씬 더 완전한 것이었는데 이는 감히 말한다면, 우리에게 있어서 주님을 모시는 데 한계성인 인간적인 어떠한 욕망도 그녀는 전혀 가지지 않았기 때문이다. 마리아는 주님의 거룩한 뜻에 완전히 순명하는 데 이르렀기에 그녀의 욕망은 모든 욕망의 차원을 훨씬 넘어서는 것이었다. 그녀는 하느님이 그녀에게 이루려고 하는 것이 무엇인지, 또한 그분이 그녀 안에서 무엇을 수행하려고 하는지를 알 수가 없었다. 그러나 그녀의 침묵은 완전하였고, 그녀의 원의는 더 이상 그녀의 것이 아니라 이미 성부의 원의가 바로 그녀의 원의였다.

성부의 말씀을 완전하게 받아들이기 위해서 마리아의 침묵은 우리로서는 이해하거나 상상하기가 어려운 정도의 수준에까지 도달해야 했다. 어쨌든 그녀는 말씀을 그 실제의 크기와 실재대로 수용하려면 결코 충분히 침묵했다고 말할 수 없다는 것을 너무도 잘 알고 있었다. 이것이 그녀가 단지 "예, 당신의 말씀대로 이루어지이다"라고만 대답한 이유이다. 이와 같은 동의(同意) 안에서, 그리고 이 동의에 의해 하느님의 행위에 결합된 행위 안에서 마리아는 인간으로서의 자기 존재의 완전한 표현이며 또한 성부의 육화한 말씀인 한 아기를 잉태하였다. 그리하여 성삼과 모든 피조물과 인간의 침묵 가운데서 마리아는 영원한 말씀의 어머니가 되었던 것이다.

제 2 부
예수의 어머니

"마리아는 이 모든 일을 마음속 깊이 새겨 오래 간직하였다" (루가 2, 19).

역사 안으로 들어옴

천사는 마리아에게 예수라 불릴 아들을 낳을 것이라고 선언하면서 그녀의 사촌 엘리사벳도 그 늙은 나이에도 불구하고 이미 잉태하여 여섯 달이나 되었다고 알렸다. 왜 그랬을까? 그것은 마리아가 신앙의 행위 안에서 어떤 의심도 없이 안심할 수 있게 하기 위해서였다. 사실 천사는 또렷한 어조로 "하느님께서 하시는 일은 안 되는 것이 없기(루가 1, 37)" 때문이라고 덧붙여 말하고 있다.

그러나 거기에는 분명 지극히 자연스러운 이유가 있었다. 그녀가 사랑하던 약혼자에게 마리아는 자신에게 일어난 일에 대하여 말을 할 수가 없었다. 그녀가 어떻게 잉태했는가를 요셉에게 알리는 것은 그녀가 할 일이 아니었다. 그것은 하느님의 비밀이기 때문이다. 그러나 이 젊은 처녀는 말해야 할 필요가 있었다. 그녀는 자기 비밀을 혼자서 감당할 수가 없었다. 그녀는 자기를 이해하는 누군가에게 자기 이야기를 할 수 있어야 했다. 인간의 마음을 잘 알고 있는 하느님은 천사로 하여금 마리아에게 그녀의 사촌 역시 잉태했음을 말하도록 하였다. 그 결과 마리아는 더 이상 고립되었다고 느끼지 않게 되었다.

우리가 마리아의 교육이라 부를 수 있는 훈련과정은 이렇게 시작되었다. 이후로는 신비로운 방법으로 그녀의 마음속 깊은 곳에 말을 건네는 하느님은 그분의 계획을 그녀에게 알리고 그녀를 교육하기 위해 그녀의 주위 사람들과 그녀가 만나는 사람들을 중개로 하여 그녀와 사귄다. 거룩한 교육은 이렇게 진행된다.

마리아의 경우는 우리에게도 대단히 귀중한 것이 된다. 왜냐하면 하느님은 늘 그녀에게 무엇을 해야 하는가를 말씀하면서 비범한 방법으로 그녀에게 직접적으로 영감을 주지는 않았기 때문이다. 그녀는, 끊임없이 "하느님께서 나에게 말씀하시고 나에게 영감을 주셨다"라고 말하는 사람들과는 달랐다. 그녀는 오히려 이렇게 말할 수 있었을 것이다: "하느님은 다른 사람들을 중개로 하여 나를 깨우치시고 나를 이해시켜 주시고, 발생하는 사건들을 통해 깊이 생각할 수 있도록 나를 불러주셨으므로 차츰차츰 나는 그분의 계획하신 바를 이해하게 되었다."

마리아의 이와 같은 교육은 엘리사벳의 다음과 같은 말로부터 시작되었다: "당신은 모든 여자들 가운데 가장 복되시며 태중의 아드님 또한 복되십니다. 주님의 어머니께서 나를 찾아주시다니 어찌된 일입니까? 문안의 말씀이 내 귀를 울렸을 때에 내 태중의 아기도 기뻐하며 뛰놀았습니다. 주님께서 약속하신 말씀이 꼭 이루어지리라 믿으셨으니 정녕 복되십니다(루가 1, 42－45)."

이 방문의 장면에서는 모든 것이 기쁨이요, 성령의 활동 아래 모든 것이 기쁨의 용약이다. 마리아는 영보 이후 그녀에게서 큰 신비가 이루어졌음을 알았다. 그녀는 자기의 사촌을 만나 이것을 말하기 위하여 서둘렀다. 그녀는 "길을 떠나 걸음을 서둘러(루가 1, 39)" 갔다. 출발을 지체할 까닭이 어디 있겠는가? 가는 도중에 그녀는 자기의 사촌에게 말할 것을 잘 준비했을 것임에 틀림없다. 아마도 조금은 난처했을 것이다. 그러나 그녀는 모든 것이 잘될 것이고 그녀에게 일어난 일을 말하면 잘 받아들여질 것이라는 신뢰를 가졌다.

그런데 이 모든 것은 세상에서 가장 자연스러운 사건에 속한다고 할 수 있다. 한 처녀가 자신이 임신한 것을 알았기 때문에 친척을 방문하러 가는 것이다. 그녀는 최선을 다해 이 만남을 준비했다. 하느님은 그녀에게 그곳에 가라고도, 또 언제 그곳에 가야 된다고도 말씀하지 않았다. 천사는 천국으로 되돌아갔고 마리아는 단순하게 그녀가 해야 할 일을 생각하여 스스로 결정하고 출발했던 것이다.

하느님은 그녀로 하여금 참으로 누군가와 함께 나눔을 가질 필요가 있는 젊은 여인의 인간적인 조건에 머물게 했다. 그러나 그녀의 상황에 대한 이와 같은 성찰이나 결정 등 이 모든 것은 마리아가 뚜렷하게 의식하진 못했으나 그녀를 잉태케 한 성령에 의해, 내부로부터 영감을 받은 것이다.

이 같은 성령, 하느님의 성령이 엘리사벳의 태중의 요한을 용약케 한 것이다. 이 아기의 기쁨은 곧 성령으로 충만하게 된 그의 어머니에게도 전달되었다. 엘리사벳은 말하였고 자기의 말 속에서 자신이 어린 사촌 마리아의 신비를 이해하고 인식하게 되었음을 발견했다. 이와 같은 것이 우리의 생애 가운데서도 이루어지는 것이다. 하느님의 자녀들을 고무하는 하느님의 영은 그들을 일치시키고 서로가 서로를 통해 하느님의 비밀을 계시하도록 한다.

주님 안에서 기뻐하는 마리아

이 역사는 어느 한 곳의 사람들에게만 흥미를 주는 작은 지역의 역사가 아니다. 온 인류 전체가 유다의 작은 마을 안에서 일어난 이 사건에 관계되어 있다. 마리아는 사촌 엘리사벳의 말을 듣고 자신이 이스라엘 백성의 역사 안에, 그리고 인류 전체의 역사 안에 갑자기 들어가게 되었음을 알아차렸다. 그녀는 모든 인간 가운데서 가장 사랑받는 여인으로서 성자의 모친이 되기 위하여, 미소하고 부족한 아주 작은 자임에도 불구하고 하느님에 의해 선택받았을 때 자신에게 일어난 일을 의식하고 있었으며 또한 하느님이 이 모든 모험의 주도자라는 것도 알고 있었다.

"이 말을 듣고 마리아는 이렇게 노래를 불렀다. '내 영혼이 주님을 찬양하며 내 구세주 하느님 생각하는 기쁨에 이 마음 설렙니다. 주께서 여종의 비천한 신세를 돌보셨습니다. 이제부터는 온 백성이 나를 복되다 하리니……(루가 1, 46-55)."

주님의 자비로운 사랑은 그녀를 감동시키면서 이 사랑은 전 인류를 감동시켰다. 이것이 바로 인류가 마리아를 '복되다'고 말하는 까닭이다. 마리아에게서 육화의 위대한 역사가 시작된 것이다. 마리아가 자신이 하느님으로부터 사랑받는다는 것을 앎으로써 전 인류로부터도 사랑받음을 아는 것은 당연했다. 왜냐하면 이날 그녀가 대표한 것은 전 인류

였기 때문이다. 마리아를 통해서, 마리아 안에서 모든 인류는 설명할 길 없는 하느님의 사랑을 인식했다: "하느님은 이 세상을 극진히 사랑하셔서 외아들을 보내주시어 그를 믿는 사람은 누구든지 멸망하지 않고 영원한 생명을 얻게 하여주셨다(요한 3, 16)."

마리아의 정신은 기쁨으로 용솟음쳤고 그녀의 전 존재는 성령의 활동 아래서 전율했다. 더욱이 다른 모든 여인들에게서보다 훨씬 더 그녀의 몸과 마음은 그녀 안에서 밀접하게 일치하여 있었다. 하느님이 그녀에게서 육을 취하셨다면, 그녀가 하느님의 빛 안에서 인류 전체의 사랑받는 딸로서의 자신을 볼 때 그녀의 전 존재가 기쁨에 넘쳐 전율하는 것은 당연했다. 그녀는 자기의 살과 피와 정신과 마음이, 하느님의 영에 의해 사로잡히고 그분의 신묘한 행위를 통해 잉태한 한 여인의 기쁨으로 용약한다고 말할 수 있었다. 이런 이유로 마리아의 전율은 그토록 단순하고 아름다우며, 그녀의 찬양은 자기 자신 안에 어떠한 거짓된 자기만족도 없는 드맑은 것이었다.

마리아의 훌륭한 인간성은 하느님의 손가락에 의해 연주되고 울리는 하프와 칠현금 같았다. 마리아는 지극히 순수하고 지극히 정결한 존재로서 완전히 신비로운 악기가 되어 하느님의 숨결에 용약하였다. "마리아여, 이 순간에 온 땅이 용약하였으나 당신과 당신의 사촌과 그 사촌의 태중의 아기만이 이 일을 알고 있었습니다." 이와 같이 인류역사의 가장 깊은 곳에서 아주 소수의 사람만이 알고 있는 일들이 일어났다. 그러나 결국 어느 날엔가는 이 비밀들이 밝혀지는데 그것은 비밀 속에 말해지던 것이 어느 날엔가는 공공장소인 광장과 큰길에서 선포될 것이기 때문이다(마태 10, 26-28 참조).

마리아는 완전하게 맑은 시야를 가지고 있었다. 그녀는 하느님이 그녀에게 이룬 일을 잘 알고 있었다. 더욱이 그녀에게 보내질 인류의 이러한 예찬은 하느님 자신이 천사를 통하여 그녀에게 말한 것에 비한다면 아무것도 아닌 것이다. 그러나 마리아에 대한 우리의 찬미 안에서 우리는 하느님 자신이 그녀에게 했던 찬양에 우리의 찬양을 합칠 수가 있다 하겠다. 마리아는 보지 않기 위하여 눈을 가리지 않았다. 그녀가 자신에게 일어나는 일을 명확하게 볼수록 그녀는 이 모든 것이 하느님에 의해 이루어지는 일이라는 것을 더욱 명백하게 깨달았던 것이다. 그녀는 '그녀의 구세주 안에서' 용약하는 것인 만큼 더욱더 자유롭게 용약할 수 있었다.

이와 같은 마음의 기쁨 속에서 그녀는 하느님의 계획을 보았다. 그녀는 자신의 개인적인 역사의 빛으로부터 인간 역사와, 인류에 대한 하느님의 태도의 신비 안으로 들어갔다: "주님은 전능하신 팔을 펼치시어 마음이 교만한 자들을 흩으셨습니다. 권세 있는 자들을 그 자리에서 내치시고 보잘것없는 이들을 높이셨으며 배고픈 사람은 좋은 것으로 배불리시고 부요한 사람은 빈손으로 돌려보내셨습니다(루가 1, 51-53)."

마리아에게서는 도교에서 빈번하게 나타나는 사상 즉, '도'(道)는 자기 자신을 비운 마음에 깃든다는 사상이 참으로 놀라운 방법으로 실현되었다. 도교의 위대한 현인들에 해당하는 진실은, 자기 자신을 완전하게 비웠기 때문에 하느님의 말씀이 그녀 안에서 살기 위해 내려온 마리아에게는 얼마나 더 참된 진실이었겠는가! 또한 '도'(道)는 권능자들을 비천하게 하는 것을 기뻐하고 모든 존재 중 가장 비천하고 겸손한 존재로 스스로를 낮추는 자들에게는 놀라운 능력을 준다는 이 사상은 얼마나 더욱 훌륭하게 그녀에게서 실현되었던가(만물의 절대적 원리인 도가 모든 것에서 비워진 마음속에 산다는 사상은 도교 신비사상의 기본이 되는 것들 중 하나이다. 장자(莊子)의 소심(小心)에는 이 사상이 표현된 유명한 글귀가 있다: 「莊子」第四卷 人世篇 참조. 老子의 道德經 안에는 도교의 겸허 학설이 여기저기에 퍼져 있음을 찾아볼 수 있다!)

마리아의 두 번째 침묵

마리아의 첫 번째 침묵은 말씀을 기다리는 침묵이었다. 그녀의 두 번째 침묵은 그녀가 하느님 말씀을 받아들여 그녀의 태중에 말씀을 잉태했을 때 시작되었다. 이것은 더 이상 기다림의 침묵이 아니라 그녀에게서 실현되는 신비에 대해 주의를 기울이는 깨어 있는 침묵이었다. 이제 막 잉태하였고 또 그 사실을 알고 있는 여인이 할 수 있는 것 이상의 그 무엇을 그녀가 상상할 수가 있었겠는가? 자신의 아기가 성장하는 데 그녀는 함께 참여하였고 이 점에서 그녀는 모든 어머니와 같았다.

그러나 한편 그것은 전혀 다른 일이었다. 그녀는 아기가 남편을 닮으리라고 상상할 수가 없었다! 도대체 어떻게 그녀가 성부의 얼굴을 상상할 수가 있었겠는가? 잉태한 어떤 여인도 결코 이와 같은 침묵 속에 놓여보지 못했을 것이다. 다른 모든 여인처럼 그녀는 그녀의 태중에 있는 한 인간의 시초에 대해 상상할 수 있었다. 그러나 어떻게 그녀의 모성만이 간직한 유일하고 특별하며 신성한 성격에 대해 상상할 수 있었겠는가?

마리아는 천사가 떠나자마자 이 두 번째 침묵의 신비를 느끼기 시작했다. 아마도 엘리사벳을 방문하러 가고 싶다는 것을 알리면서 그녀는 약간 동요된 듯이 보였을 것이다. 그러나 그녀의 부모들은 그다지 놀라지 않았음에 틀림없다. 어쨌든 그녀의 깊은 내심은, 이해할 수 없는 이 사건 앞에서 평화스럽고 고요했다. 엘리사벳과의 만남도, 엘리사벳이 그녀에게 고백한 넘치는 기쁨도, 엘리사벳의 선언도 이 침묵을 방해하지 못했다. 마리아의 찬가[마니피캇]는 그녀가, 인류가 한 번도 안적이 없던 가장 깊은 침묵 중에 자신 안에서 본 것의 표현에 지나지 않는다.

그녀와 그녀의 사촌이 인사를 교환했을 때 마리아는 재빨리 침묵 속으로 다시 들어갔다. 각자는 자신들의 일로 돌아갔고 마리아는 그녀의 사촌을 도우면서 자기 어머니에게 물어볼 수 없는 것들을 엘리사벳에게서 배웠다. 어쨌든 그녀 마음의 침묵은 흐트러지지 않았고 마리아는 자기 안에서 자라나고 있는 아기에게 점점 더 주의를 기울이게 되었다.

이 두 번째 침묵 중에 그녀는 육신을 취한 하느님의 말씀에게 자신의 골육으로 자양분을 주었다. 무형무체(無形無體)의 말씀이 그녀의 태중에서 형체를 취한 것이다. 이 말씀은 성부께서 오래전부터 말해왔고 그분만이 이해하던 말씀으로서 마리아는 그에게 육신을 줌으로써 표현을 가능케 했다. 히브리서에서 우리는 천주성자 그리스도가 성부를 향하여 말하는 것을 듣게 된다: "당신은 율법의 희생 제물과 봉헌물을 원하시지 않았습니다. 그래서 저를 참 제물로 받으시려고 인간이 되게 하셨습니다(히브 10, 5)." 성부는 마리아를 통하여 그리스도의 몸을 준비시켜 주었다. 그녀 안에서 육신을 취한 하느님 아들의 신비 앞에서 마리아가 침묵하는 동안 성부 역시 침묵했다. 이것은 자기에게 구원을 주러 오는 하느님의 아들이 마리아를 통하여 탄생할 것을 아직도 알지 못하는 온 땅의 침묵이요, 성삼의 침묵이었다.

마리아는 우선 자신과 그녀의 사촌의 이중의 기다림의 침묵 속에서 살았다. 그 후 세례자 요한이 탄생하자 그녀는 그녀의 완전한 침묵 즉,

육체의 침묵, 마음의 침묵, 정신의 침묵 속에 잠겨 집에 돌아오게 되었던 것이다.

그녀의 사촌 엘리사벳의 경험은 마리아가 자신의 경험으로 들어가는 데 도움이 되었다. 이제 그녀는 임신 기간이 어떻게 전개되리라는 것과 아기의 탄생이 어떻게 이루어질지에 대하여 알았다. 그녀는 어린 요한의 탄생 시에 있었던 사건들의 기억을 지니고 집으로 돌아왔던 것이다. 그녀 사촌의 남편 즈가리야의 노래는 아직도 그녀의 귓가에 생생하였다. 그러나 그녀는 집으로 돌아오면서 이미 스스로 묻는다. 그녀 자신의 아들이 탄생할 때는 누가 축복의 노래를 불러줄 것인가? 요셉일까? 그러나 그는 그 놀라운 노래를 부르지 않을 것이다: 그것은 그가 그 아이의 아버지가 아니었기 때문이다!

확실히 요셉을 생각하면 마리아는 고통스러웠다. 이 일에 대해 먼저 말을 꺼내는 것은 그녀의 할 일이 아니었기에……. 날이 갈수록, 마리아는 그녀가 잉태했다는 것을 사람들이 곧 알게 될 것임을 깨달았다. 그러나 천주 성부는 마리아의 태중에서 당신 아들을 통하여, 그 아들 안에서 사람이 된다는 이 커다란 신비에 잠겨 침묵하고 있었다.

침묵 가운데 그녀는 할 수 있는 모든 사랑과 주의를 자신의 아기에게 쏟았다. 그녀는 그분을 극진히 사랑하였고 부드러움으로 감싸면서 그분을 세상에 주기 위한 준비를 하였다. 그녀는 요셉이 신비에 대해 깨달아 아기가 태어나는 것을 준비하기 위해 성부와 그녀에게 결합할 수 있기를 기다리면서 온 힘을 다해 성부와 그녀의 사랑이라는 이중적 사랑의 표시를 아기에게 주려고 노력했다.

마리아와 요셉

마태오 복음사가는 루가처럼 천사의 방문이 아니라 그리스도의 족보에 관해 언급함으로써 자기 이야기 안에 요셉을 끌어들인다. "아브라함의 후손이요, 다윗의 자손인 예수 그리스도의 족보는 다음과 같다…… 마딴은 야곱을 낳았으며 야곱은 마리아의 남편 요셉을 낳았고 마리아에게서 예수가 나셨는데 이분을 그리스도라고 부른다(마태 1, 1-16)." 이 족보('위에서부터 내려오는' 형식으로 서술되고 있다. 루가 3, 23-38에서는 '소급하여 올라가는' 형식으로 서술되었다)는 특별한 이례를 보여 주고 있다. 이 족보는 요셉이 예수를 낳았다고 말하지 않는다. 예수의 탄생은 루가가 성모영보의 이야기로써 그 베일을 벗기고 있는 한 신비를 내포하고 있다. 마태오는 다른 설명을 붙이지 않고 사실을 인정하는 것으로 만족하고 있다: "예수 그리스도께서 태어나신 경위는 이러하다. 예수의 어머니 마리아는 요셉과 약혼을 하고 같이 살기 전에 잉태한 것이 드러났다. 그 잉태는 성령으로 말미암은 것이었다(마태 1, 18)."

여기에 한 젊은 처녀 마리아가 있다. 그녀는 요셉이라는 한 남성과 약혼한 사이이다. 이 남자가 바로 족보 안에 언급된 그 사람이다. 그들의 약혼과 결혼은 정상적으로 진행될 것으로 예상되었다. 그렇지 않을 이유가 없지 않은가? 우리는 마리아가 요셉을 '알려는' 의향을 가지지 않았다고 확실히 생각할 수 있다(루가의 성모영보에 관한 이야기를 보라). 그러나 여기까지는 분명히 정상에서 벗어나는 일은 아무것도 없었

다. 요셉은 당시 그 나라의 모든 약혼자와 똑같이 처신했을 것이다: 마
리아는 그에게 약속되었던 것이다.

마태오에 의하면, 그녀가 한 아기의 출산을 기다리고 있다는 것을 요
셉이 알아차린 것은 마리아의 잉태가 명백해졌을 때인 것처럼 보인다.
그는 이를 알고 난 후에, 이와 같은 상황에 처한 개개의 모든 사람처럼
어떤 행동을 취해야 하는지를 스스로에게 물었다. 이 이야기(마태 1, 19 –
23)가 특별한 것은 여기서부터이다. 의롭고 정직한 요셉은 자기가 사랑
하는 여인에게 심하게 대하지 않기로 결심한다. 이미 그녀가 잉태했으
므로 그는 더 이상 그녀를 그의 약혼녀로서 그의 집에 머무르게 할 수
는 없었다. 그녀의 덕성을 믿어 의심치 않았지만 그는 그녀가 마치 다
른 남자의 아기를 잉태한 것처럼 행동해야만 했다. 이 이상한 상황에
서 벗어나기 위해서는 '그녀를 공공연히 모욕하지' 않기 위해 '남모르
게 파혼하는(마태 1, 19)' 수밖에 다른 해결책이 없었다.

이와 같은 결정에 도달하기까지 요셉은 많은 생각을 했으며 이 문제
에 대해 오랫동안 깊이 고려했다는 것 즉, 모든 방향에서 모든 것을 검
토했음은 의심의 여지가 없다. 여기서 주목할 만한 것은 요셉이 이러한
결정을 내린 후에야 비로소 하느님이 개입하셨다는 점이다: "요셉이 이
런 생각을 하고 있을 무렵에 주의 천사가 꿈에 나타났다(마태 1, 20)."
무엇 때문에 그에게 알리는 것을 이렇게 지체하셨을까? 이런 난해한 방
법으로 하느님이 행동하시는 것은 오직 한 가지 이유 때문이며, 그 이
유는 간단하다. 즉 하느님은 말씀의 강생이라는 이 모험의 모든 과정
내내, 그분의 아들을 둘러싸고 있는 사람들이 인간으로서의 그들 실존
의 법칙에 따라서 살기를 원하셨던 것이다. 그분이 개입하시더라도 그
것은 가능한 한 적게 그리고 역사의 사건 내부에서이며 이 사건들의
'폐지'가 아니라 '완성'을 위해서이다(마태 5, 16 참조). 하느님의 활동은
인간의 일에 방해되기 위해서가 아니라 부합되기 위해서 오는 것이다.

그러므로 마지막 순간에, 요셉이 '의로운 사람'으로서 해야 된다고 생각하는 바를 독단적으로 일단 결정하고 나서야 비로소 하느님은 그의 천사를 보내어 자신의 지혜로서는 알 수 없는 본질적인 요소를 요셉에게 알려준다: "그의 태중에 있는 아기는 성령으로 말미암은 것이다(마태 1, 20)." 그리하여 그는 여전히 '의인으로서(여기서 의롭다는 표현은 참으로 권위 있게 된다)' 거기서 결론을 끄집어낸다. "잠에서 깨어난 요셉은 주의 천사가 일러준 대로 마리아를 아내로 맞아들였다. 그러나 아들을 낳을 때까지 동침하지 않고 지내다가 마리아가 아들을 낳자 그 아기를 예수라고 불렀다(마태 1, 24 – 25)."

이처럼 요셉은 마리아를 '앎'이 없이도, 한 남편이 그의 아내를 사랑하는 것처럼 그녀를 사랑하였다. 이 사랑 안에서 그는 마리아와 성부의 사랑에서 잉태된 아기의 진실한 아버지가 되었다.

예수의 탄생

메시아는 다윗의 고을 베들레헴에서 탄생했어야 했다. 그는 세상 사람들에게 있어서는 요셉의 아들이었다. 그는 요셉과, 역시 다윗을 조상으로 가지고 있음에 틀림없는 마리아의 가문에서 태어났다. 요셉이 비록 혈육으로는 예수의 친아버지가 아니라 해도 법적으로는 예수의 아버지가 되는 것이다. 그는 그의 부인을 그들의 조상의 마을에 데려가 예수가 유다 지파의 한 사람이며, 다윗 가문의 사람임을 알리도록 해야 했다.

이리하여 혈육을 취하여 사람이 된 하느님의 말씀은 유다 백성의 역사 안에 개입되었다. 하느님이 마리아에게 당신 계획을 알리러 왔을 때 그분은 마리아를 천사의 품에 안아 황홀한 세계로 데려가지 않았다. 그게 아니라 그분이 바로 우리의 세상 안으로 내려왔던 것이다. 하느님의 말씀은 단지 모든 인간적 잉태의 자연적인 법칙에만이 아니라 하느님의 법에도 복종하셨고, 마찬가지로 그 당시 통치자들이었던 로마인들의 법에까지 복종했던 것이다.

호구 조사령이 반포되었을 때, 요셉은 출산이 아주 가까웠던 임신한 그의 부인과 함께 베들레헴으로 갔다. 요셉은 천사가 그에게 한 말에 복종하기 위해서 그녀를 그의 집에 데리고 있었다. 이제 그에게 결정권이 주어졌다. 그는 출발 날짜와 어떤 길로 갈지에 대해 결정해야 했다. 그 아기의 친아버지는 아니었지만 요셉은 그가 할 수 있는 최선을 다해서 그의 가족에 대한 책임을 충분히 이행하면서 참된 남편으로서 행동했다. 모든 면에서 그는 세상에서 가장 자연스럽고 가장 단순하게 행동하였다.

길을 가는 도중에 마리아는 천사가 그녀에게 말했던 것을 생각할 시간을 가진다. "그 아기는 위대한 분이 되어 지극히 높으신 하느님의 아들이라 불릴 것이다. 주 하느님께서 그에게 조상 다윗의 왕위를 주시어 야곱의 후손을 영원히 다스리는 왕이 되겠고 그의 나라는 끝이 없을 것이다(루가 1, 32-33)." 이 말의 의미가 조금씩 그녀에게 이해되기 시작했다. 그녀는 자신의 남편과 함께 조상들의 고을로 가고 있었으며 바로 그곳에서 다윗의 자손인 자기 아기를 낳게 되리라는 것을 알았다. 마리아는 걱정하지 않았다. 요셉은 이제 그녀의 사건을 알고 있었다. 그녀는 그를 사랑하였고 그에게 사랑을 받았다. 그리고 이 사랑은 그녀에게 위로와 기쁨이 되었다. 이 즐거움은 그녀의 마음속에서 메아리쳤고 이미 요셉을 성부의 인간적인 반영으로서 갖고 있는 그녀의 아기에게도 전달되었다.

"그 무렵에 로마 황제 아우구스토가 온 천하에 호구 조사령을 내렸다(루가 2, 1)." 베들레헴은 온 천하가 아니라 다윗 가문의 후손들만으로도 충분히 꽉 채울 수 있을 만큼 작은 고을이었다. 어쨌든 "여관에는 그들이 머무를 방이 없었기 때문에(루가 2, 7)"라는 것은 사실이었다. 여기서 굳이 사람들의 악의의 표현을 볼 필요는 없다. 단순히, 모든 장소는 이미 가득 채워졌고 누구든지 먼저 온 사람이 먼저 자리를 잡았던 것이다.

그러므로 이 부부는 외양간으로 쓰이는 곳에 자리를 잡았다. 그곳은 아마도 그렇게 편안하지는 못했겠지만, 적어도 고요한 곳이었다. 그리고 거기에는 지푸라기와 구유가 있었다. 아무런 장식도 없는 장소였으나 마리아와 요셉에게는 충분한 장소였다. 더욱이 분만실이 아니라, 사건에 대해 아무것도 알지 못하는 동물들에 둘러싸여 태어나실 하느님의 말씀을 위해서는 더더욱 충분했다.

"그들이 베들레헴에 가 머물러 있는 동안 마리아는 달이 차서 드디어 첫아들을 낳았다. 여관에는 그들이 머무를 방이 없었기 때문에 아기는 포대기에 싸서 말구유에 눕혔다"(루가 2, 6-7)." 이 사실들에 대한 이야기는 너무도 과장이 없고 직접적이며, 마리아와 요셉과 유다 백성들의 역사 속에 완전하게 삽입되어져서 우리는 단순히 그 앞에서 사건들을 상상하려고 노력하면서 머물러 있을 수밖에 없는 것이다(성 이냐시오의 「영신수련」 114항 "성탄의 묵상"을 참조하라: "인물들을 살펴볼 것이니 즉, 성모님, 성요셉, 하녀, 그리고 탄생하신 예수 아기를 보며 가능한 데까지 내가 섬기고자 하는 마음과 존경심을 가지고 곁에 있는 것처럼, 나 자신을 비천하고 부당한 종과 같이 생각하면서 그들을 관찰하고 또 관상하며 모든 필요에 있어 그들에게 봉사할 것이다. 그리고 다소의 신익을 얻기 위하여 나 자신을 반성할 것이다").

참으로, 인간이 되신 이 하느님의 역사(歷史)는 어느 누구도 거기에 특별하고 이상한 점이 있다고 생각할 수 없는 완전한 방법으로 이 젊은 한 쌍의 부부의 삶의 한가운데로 삽입되었다. 하느님은 이와 같이 하여 우리에게, 그분이 우리에게 어떤 특별한 은총을 준 후에는 우리 자신에게로 그리고 매일의 우리 삶으로 우리 자신을 되돌려 보낸다는 것을 가르친다. 이것이 이 세상 안에서의 그분 활동의 신비이다. 그분은 당신 자신의 비밀을 알려준 사람들의 눈 외에는 아무의 눈에도 보이지 않을 만큼 숨겨져 이 세상으로 미끄러져 들어온다.

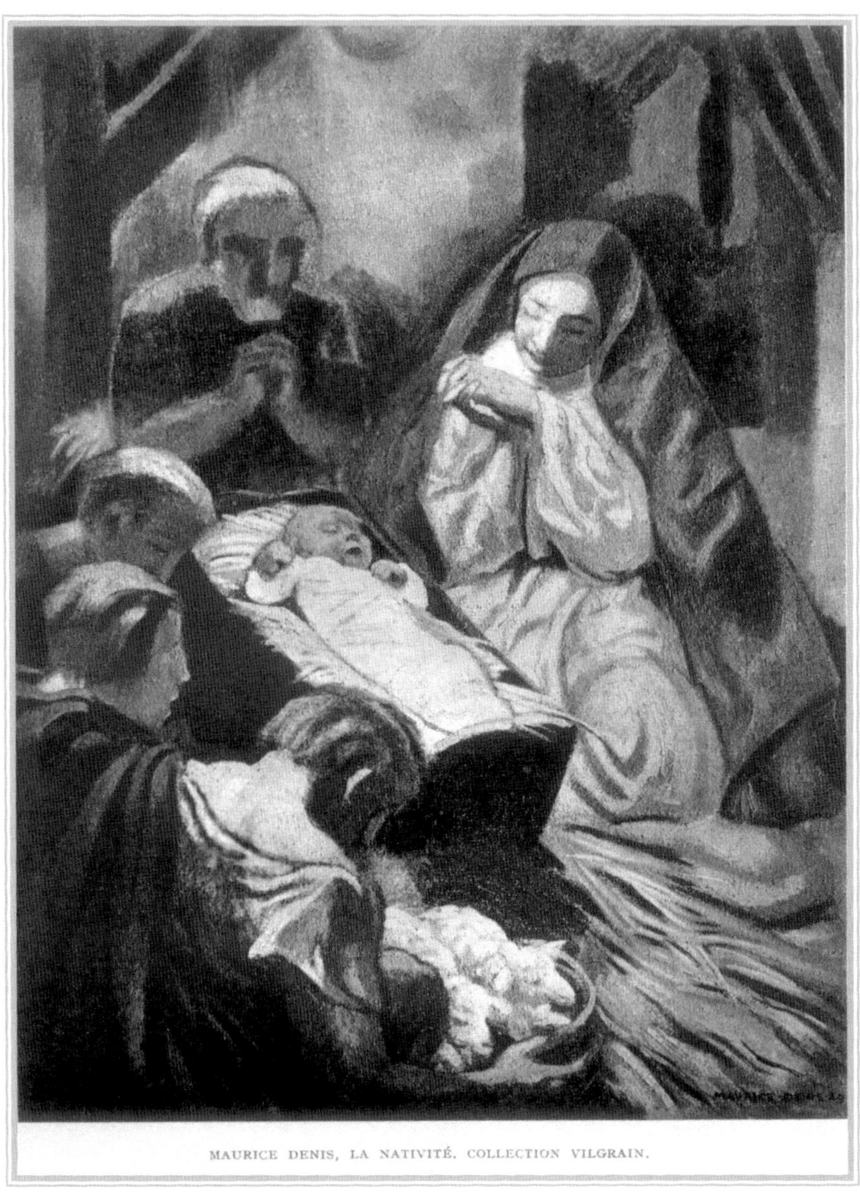

MAURICE DENIS, LA NATIVITÉ. COLLECTION VILGRAIN.

"마리아는⋯⋯."

외양간에서 마리아와 요셉이 아기를 지켜보고 있는 동안에 가까운 이웃 들판에서는 이상한 사건들이 일어나고 있었다. 우리는 우리의 어린시절부터 잘 알고 있는 이 이야기(루가 2, 8-18)를 다시 한번 되풀이해 읽어야 한다. 여기서 루가 복음사가는 예수의 탄생과, '주님이시며 그리스도인 구세주'라는 그분의 위대한 운명을 '들판에서 살며 양떼를 지키던 목동들'에게 알리기 위해 '수많은 하늘의 군대'가 나타났다고 지극히 자연스럽게 말하고 있다.

목동들의 이해방식에 맞도록 번역되어 그들에게 맨 처음으로 전해진 이 메시지는 마리아에게도 전해졌다. 다시 한번 하느님은 직접 지시하지 않고 다른 사람들의 중개를 통하여 마리아를 가르쳤다.

목동들이 도착했을 때 그녀는 자기의 관상 안에 빠져든 취한 상태에 있지 않았고 목동들이 이야기하는 것을 들었다. 그녀는 자신이 그들보다 이 사실을 훨씬 더 잘 알고 있으며 그들의 말에서 더 이상 아무것도 배울 것이 없다고 스스로에게 말하지 않았다. 신비에 대한 내적 주의에 의해 그녀는 이 모든 것은 천사가 그녀에게 한 말을 표현하는 또하나의 방식임을 이해했다: "그 아기는 위대한 분이 되어 지극히 높으신 하느님의 아들이라 불릴 것이다. 주 하느님께서 그에게 조상 다윗의 왕위를 주시어 야곱의 후손을 영원히 다스리는 왕이 되겠고 그의 나라는 끝이 없을 것이다(루가 1, 32 – 33).”

“모두 그 일을 신기하게 생각하였다(루가 2, 18).” 그리고 마리아 역시 그들과 같이 신기하게 생각했으나 방법은 달랐다. 왜냐하면 그녀는 자신의 침묵 속에서, 지금 빛과 요란한 소리 가운데 그녀에게 전해지고 있는 메시지를 이미 알고 있었기 때문이다. 목동들이, 듣기를 원하는 모든 사람에게 자기들의 이야기를 계속하는 동안 마리아는 이 모든 일을 ‘그녀의 마음속에’ 깊이 스며들도록 하였다(루가 2, 19 참조).

그녀는 목동들을 위해 영보사건을 꾸며주고 있던 상상적 이야기들을 넘어서서 신비의 근원에로 되돌아갔다. 그녀의 내적 태도는 자기들에게 일어난 일에서 결코 깨어날 줄 모르던 이 단순한 사람들의 말에 의해 활동을 개시했다. 마리아 역시 그 일에서 깨어나지 않았다. 목동들은 자기들의 이야기를 듣고 싶어 하는 모든 이에게 이야기했다. 그러나 “마리아는 이 모든 일을 마음속 깊이 새겨 오래 간직하였다(루가 2, 19).”

여기서 단순하게 목동들의 일화가 문제가 아님은 확실한 것이다. 그녀가 마음속 깊이 간직한 것은 천사의 방문 이후부터 그녀에게 일어난 모든 것이었다. 이렇게 해서 그녀는 천사의 첫 번째 알림 이후부터 그녀 안에서 이루어진 위대한 신비에 대해 점점 더 깊은 깨달음을 가지게 되었던 것이다.

이러한 자기에로의 돌아감 안에서 마리아는 자신을 발견하거나 아는 데 관심을 두지 않았다. 그녀는 자기 자신을 전적으로 비웠고 자기 마음의 깊은 곳으로 향해 있었는데 그녀는 거기서 주님의 행위와 자기가 사랑받는 그 사랑과 그녀의 아들이 된 하느님에 대해 자신이 지닌 사랑을 발견했다. 그녀는 미칠 듯한 기쁨이나 황홀을 경험하지도 않고 평화롭고 침착하며 완전히 내적이었다. 그리고 동시에 그 메시지를 밖에서부터 그녀에게 오는 메시지로 받아들였다. 그녀는 한편으로는, 요셉이 그녀에 대해 품는, 존경에 넘치며 부드러움으로 충만한 주의와 관심에 대해 아주 행복해하며, 한편으로는 자기 아기에게 주의 깊은 관심을 가지는 젊은 어머니로서의 첫 경험을 산다.

이러한 태도는 마리아의 특유한 태도였음에 틀림없다. 그 이유는 복음은 예수가 열두 살이 되었을 때 성전의 일화 후에 이렇게 말하고 있기 때문이다: "그 어머니는 이 모든 일을 마음속에 간직하였다(루가 2, 51)." 그녀는 자기 마음 깊은 곳과 주변 사람들의 입을 통해서 자기에게 말씀하는 하느님께 주의를 기울이면서 일생 동안 이 태도를 간직할 것이다.

마리아의 들음

일생 동안 마리아는 많이 보고 많이 들었다. 그녀는 하느님의 말씀을 들었고, 요셉의 말을 들었으며 예수의 말을 들었다. 또한 그녀는 엘리사벳, 목동들, 시므온과 늙은 예언자 안나의 말을 들었다. 그 후에 마리아는 아들에 대해서 말하는 사람들의 말을 들을 것이다. 최후만찬 때 그녀는 사도들과 제자들과 예수의 친구들에게서 들을 것이고, 그 후에는 초기 그리스도교 공동체에서 말하는 모든 것을 들을 것이다. 마리아는 자기가 듣고 본 것들에 대해 묵상했다. 그녀는 세상의 반응에 대해 보호받을 수 있는 비현실적이거나 이상적이거나 꿈같은 환상의 세계를 건설하려 하지 않았다. 그녀는 작은 마을에서 사는 모든 여인들처럼, 모든 평범한 어머니들처럼 살았다. 그녀의 아들이 항상 이해받지 못한 것처럼 그녀도 언제나 이해받은 것은 아니었다. 아들에게 이루어진 것은 어머니에게도 그렇게 되어야 했던 것이다.

마리아는 결코 실현될 수 없는 욕망이나 허황한 상상에 대해서가 아니라 사실들에 대해 묵상했다. 그녀는 그녀에게 말해진 것의 의미를 이해하기 위해서 그녀의 지성을 사용했다. 천사가 그녀에게 아기를 곧 잉태할 것이라고 선언했을 때, 즉시 그녀는 자기가 판단할 수 있는 요소들을 가지고 생각했다: "이 몸은 처녀입니다. 어떻게 그런 일이 있을 수 있겠습니까?(루가 1, 34)." 천사는 그녀에게 새로운 사실을 가져왔던 것이다: 그녀는 성령의 특별한 활동에 의해 잉태하였던 것이다. 그녀는 가장 자연스럽게 이것을 받아들였고 이 사실은 그녀의 분별력 속에 들어왔다. 모든 것은 그녀 안에서 적당히 자리를 잡게 되었고, 그녀는 세상에서 가장 단순하게 '예'라고 대답했던 것이다.

마리아는 여기에서 신앙 안에서 받아들인 사실들의, 인간적인 사고와 자유로운 결정에로의 통합의 탄복할 만한 본보기를 우리에게 주고 있다. 그녀의 전 생애는 그러할 것이다. 그녀의 일생은, 바로 하느님이 그녀에게 참여하기를 요구했던 거룩한 신비를 인간적 역사 안에 통합하는 데 바쳐졌다. 그녀는 자신에게 일어나는 일에 결코 만족하지 않는 몽상가나 이상주의자와는 조금도 닮은 데가 없었다. 그녀는 늘 살고 있는 그 순간, 또한 자기가 하고 있는 행동 안에서 깨어 현존하고 있었다. 이것이 바로 그녀의 전 생애가 날마다 거룩한 어머니로 서서히 동화되어가는 과정이 되었던 까닭이다. 왜냐하면 하느님의 어머니가 된다는 것은 단순하게 예수를 이 세상에 낳음으로써 되는 것이 아니기 때문이다. 그녀가 살아야 하는 것은 자기 아들의 신비 전체였다. 그리고 이것을 위해서 그녀의 전 생애가 요구되었던 것이다.

예수는 진실로 "여자의 몸에서 나시어 율법의 지배를 받으셨다(갈라 4, 4)." 이와 같은 율법에 대한 순명은 멀지 않아 마리아에게, 영감을 받은 사람들을 통해서 성자에 대해 그녀에게 말씀하는 하느님의 말씀을 들을 기회를 주게 될 것이다. 아기가 탄생한 지 여드레째 되는 날, 사람들은 아기에게 할례를 베풀고 예수라는 이름을 지어주었다(루가 2, 21). "그리고 모세가 정한 법대로 정결예식을 치르는 날이 되자 부모는 아기를 데리고 예루살렘으로 올라갔다. 그런데 예루살렘에는 시므온이라는 사람이 살고 있었다. 이 사람은 의롭고 경건하게 살면서 이스라엘의 구원을 기다리고 있었다. 그에게는 성령이 머물러 계셨는데……(루가 2, 22-25)"

다시 한번 하느님은 성자의 신비를 마리아에게 알리기 위해 중개자를 쓰셨다. 특별한 점은 엘리사벳의 경우와 같이 바로 성령께서 시므온에게 영감을 일으키셨다는 것이다. 마리아는 알고 있었으나 그래도 그것은 하느님이 시므온이라는 중개자를 통해 그녀에게 주신 그녀의 아들에 대한 새로운 빛이었다. "아기의 부모는 아기를 두고 하는 이 말을 듣고 감격하였다(루가 2, 33)." 이것은 신비를 깨닫고 있으면서도 한없이 그것을 발견하는 사람들의 감격이었다.

그러나 마리아에게는 아들의 신비는 기쁨의 신비인 동시에 고통의 신비인 것이다. 하느님은 지금, 예수의 역사의 이러한 측면으로 마리아를 끌어들이시기 위해 시므온을 사용하신다. "이 아기는 수많은 이스라엘 백성을 넘어뜨리기도 하고 일으키기도 할 분이십니다. 이 아기는 많은 사람들의 반대를 받는 표적이 되어 당신의 마음은 예리한 칼에 찔리듯 아플 것입니다. 그러나 그는 반대자들의 숨은 생각을 드러나게 할 것입니다(루가 2, 34−35)."

이 순간 '여든네 살 된' 안나라는 예언자가 나타났다(루가 2, 36−38 참조). 그녀는 듣기를 원하는 모든 사람에게 이 아기에 대해 말하는 것을 매우 기뻐했다. 그리고 그녀가 메시아의 오심을 축하하고 있는 동안, 마리아와 요셉은 시므온의 말을 생각하면서 행복한 마음으로 아기를 안고 그들의 집으로 돌아왔다.

별과, 이집트로의 피난

여기서는 연결되는 세 가지 일화가 마리아의 이야기 속에 놓인다. 즉 동방박사의 방문, 이집트로의 피난과 무죄한 아기들의 학살 사건이다. 이 사건들의 주석으로 들어감이 없이 복음 속에서 언급되고 있는 그대로를 살펴보도록 하자. 즉 이것은 초기 그리스도교 공동체가 이해했고 받아들인 방식이다. 여기서 우리에게 흥미로운 것은 이러한 사건들이 마리아와 예수와 요셉의 생애에 영향을 준 방식과 그것들이 예수의 제자들과 초대교회 안에서 어떤 의미를 가졌는가 하는 점이다.

우리에게 동방박사의 방문에 대한 소식을 제공한 사람은 바로 마태오사가이다: "동방에서 박사들이 예루살렘에 와서 '유다인의 왕으로 나신 분이 어디 계십니까? 우리는 동방에서 그분의 별을 보고 그분에게 경배하러 왔습니다' 하고 말하였다"(마태 2, 1-2). 우리는 그 다음에 벌어진 이야기 내용도 알고 있다. 헤로데가 '대사제와 백성들의 율법학자'들에게 메시아가 탄생할 장소를 묻기 위해 어떻게 그들을 오게 했으며, 어떻게 동방박사들이 별의 인도로 베들레헴에 들어가게 되었는가를 잘 알고 있다: "그 집에 들어가 어머니 마리아와 함께 있는 아기를 보고 엎드려 경배하였다. 그리고 보물상자를 열어 황금과 유향과 몰약을 예물로 드렸다(마태 2, 11)."

마리아에게 이 사건은 유다 세계가 아닌 다른 세계로부터 그녀에게 전해진 새로운 메시지였다. 이 동방박사의 방문에서 그녀는 성자의 사명의 보편성을 깨닫기 시작했다. 이처럼 하느님은 그분이 선택하고 영감을 불어넣은 사람들이 각기 자기들에게 알맞은 방법으로 중개함으로써 마리아로 하여금 자기의 고유한 신비를 깨닫도록 계속 일한다. 우리는 이렇게 하여 어떻게 영성 세계가 비록 육체의 눈에는 숨겨져 있다 해도 마음의 눈으로 볼 때는 구체적이고 현실적인 세계가 되는지를 더욱 잘 이해할 수 있다. 마음 깊은 곳에 있는 성령의 비밀스런 메시지는 차츰차츰 마리아에게 이해 가능하게 되고 자기 자신의 존재처럼 현실적인 것이 되었다.

헤로데는 동방박사들이 돌아오지 않자 "몹시 노하여…… 베들레헴과 그 일대에 사는 두 살 이하의 사내아이를 모조리 죽여 버림으로써…… 이 '유다의 왕'을 사라지게 하기로 결정했다(마태 2, 16 - 18 참조)." 그러나 벌써 요셉은 천사의 명령에 따라 이집트로 예수와 마리아를 인도하기 위해 함께 피신했다: "헤로데가 아기를 찾아 죽이려 하니 어서 일어나 아기와 어머니를 데리고 이집트로 피신하여 내가 알려줄 때까지 거기에 있어라(마태 2, 13)."

동방박사의 방문이 종교의 근본적인 한 측면 즉, 하늘[하느님]은 그 천상적인 표징들 속에 스스로를 나타낸다는 사실에 대한 신앙을 보여준다면, 헤로데의 일화는 종교의 또 다른 측면을 표현하고 있다. 즉, 이 세상 안에 메시아의 오심은 좋든 싫든 간에 정치적인 암시를 내포하고 있음을 보여주고 있다. '유다의 왕 메시아'라고 사람들이 말하는 것은 헤로데에게 위협을 느끼게 했다. 하느님의 왕국을 건설하기 위한 메시아의 오심은 지상의 왕국들을 동요시켰다. 다윗 왕조의 전망에서 그리스도의 왕권을 서술한 구약성서의 모든 이야기는 도래할 메시아에 대한 예수 당대의 유다인들의 비전을 왜곡시켰다. 참으로 하느님은 인간의 언어가 대단히 한계성이 있다는 것을 체험해야 했다. 더 나은 것이 없기 때문에 하느님은 우리가 이해할 수 있는 언어로, 그러나 동시에 말마디 너머의 거룩한 뜻을 포착할 수 없는 이들에게는 그분의 생각을 왜곡하는 언어로 우리에게 말씀하신다.

그러므로 여기서 마리아와 요셉은 예수로 인하여 그들의 한계를 초월하는 문제에 부딪친다. 그래서 "요셉은 아기와 어머니를 데리고 이집트로 떠난다." 인간 권력의 남용 앞에서는 때때로 피신만이 오직 하나의 가능한 해결책이 된다. 하느님 자신이 그의 친아들을 구하기 위해서 그 해결책을 쓴 것이다! 하느님은 그의 아들 안에서 한 인간의 생애를 살기로 결정했기에 인간의 정치적 놀음의 굴레까지도 수락해야 했다. 마리아 역시 이 계획 안에 들어 있었다. 왜냐하면 그 후로는 그녀의 전 생애가 그 아들의 운명에 달려 있었기 때문이다. 그리고 요셉은 모든 것이 그분의 뜻에 합당하게 이루어지도록 하기 위해 그곳에 있었다. "이리하여 주께서 예언자를 시켜 '내가 내 아들을 이집트에서 불러내었다'고 하신 말씀이 이루어졌다(마태 2, 15)."

LA VIERGE ET L'ENFANT (XIVᵉ S.). VOLETS DE LA VIE DU CHRIST (XVIᵉ S.).
ÉGLISE DE RAMPILLON.

"아기와 어머니" ……그리고 요셉

마태오복음에서 "아기와 어머니(마태 2, 11. 13. 20)"라는 표현은 여러 번 나타난다. 이들은 서로 나뉠 수가 없는 관계인데 그것은, 아기는 그의 어머니 없이는 아무것도 할 수가 없기 때문이다. 마리아와 예수의 운명은 인간 역사 안의 한 아기와 어머니로서는 결코 그 유례를 찾아볼 수 없을 정도로 불가분적인 운명이다. 요셉 역시 거기에 항상 함께 하였다. 요셉이 마리아에 대해 어떤 존재였는지를 전부 말하기는 어렵겠지만 그러나 확실한 것은, 볼 수 없는 성부를 가능한 한 완전하게 인간적으로 표현한 현존으로써 아기와 어머니를 보살펴주었다는 점이다.

예수의 첫 유년기의 모든 시기와 사건 이후에 이 성가정은 순박한 모든 젊은 부부의 생애를 살았고 아기를 중심으로 하여 단순하고 평화롭게 살았다. 이집트에서의 피난살이는 틀림없이, 오래전부터 그곳에 이주하여 정착해 살고 있는 다른 이스라엘 교민들 사이에 섞여 사는 삶으로서 아마도 대단히 불안정한 생활이었을 것이다. 우리는 그때 그들의 상황이 어떠했는가를 쉽사리 상상할 수 있다. 현재 우리가 살고 있는 이 시대에도 자기들의 본향에 돌아갈 수 있기를 기다리는 수백만의 피난민이 있기 때문이다. 요셉도 역시 성부께서 그들에게 고향에 돌아갈 때를 지시하기를 기다리고 있었다.

LA SAINTE FAMILLE À L'OISEAU.
TABLEAU DE WATTEAU, GRAVÉ PAR J. RENARD DU BOS.

명상의 빛 성모마리아

이집트에서 돌아오는 상황을 서술한 마태오복음(2, 19-23)을 주의 깊게 읽으면 우리는 다시 한번 요셉이 천상성부의 손안에 있는 로봇이 아니라는 것을 볼 수 있다. 마리아가 잉태하였음을 알아차렸을 때처럼, 여기서도 다시 한 번 그는 본향에로 돌아가려는 순간에 그 상황을 검토하고 결정을 내린다. 아르켈라오가 그의 아버지 헤로데의 뒤를 이어 유다왕이 되었다는 말을 듣고 그는 유다에 들어가기를 두려워했던 것이다. 그가 심사숙고하여 내린 이 결정은 '꿈'을 통해 확고해졌는데 그에게 갈릴래아에 정착하도록 암시한 것은 '주님의 천사'일 가능성이 높다. 이와 같은 이야기는 어머니와 아기 곁에서 성부의 모습을 보여주는 역할을 하는 요셉의 생애에 하느님이 어떤 방법으로 개입하는가를 보다 잘 이해할 수 있게 해주는 일화이다.

그런데 요셉은 마리아와 예수를 어떻게 보고 있었는가? 그는 아기의 아버지는 아니지만 아기 어머니의 남편이 되는 사람의 눈으로 그들을 바라보았다. 이런 상황은 요셉과 마리아 사이에 아주 특수한 상황이 생겨나게 했다. 그는 마리아의 남편이었으나 참된 그녀의 '약혼자'인 천상의 성부를 대리할 뿐이었다. 그리고 성령의 활동에 의해 이루어진 이러한 결합은 육체 안에서가 아니라 성령 안에서 이루어진 것이었다. 마찬가지로 마리아와 요셉이 남편과 아내의 관계를 산 것도 성령 안에서였다.

만일 성부께서 단순히 성자에게 인성을 주기 위한 기회적인 방법으로 마리아를 이용하려 했다면 예수가 세상에 탄생한 뒤에 마리아와 요셉은 다른 모든 부부의 경우와 같이 부부관계를 갖고 살았다고 상상할 수도 있을 것이다. 그러나 문제는 그것이 아니다. 성부와 마리아와의 관계는 온전히 참된 남편과 아내의 관계가 된다고 말할 수 있다(제5장, 29면: 제7장, 38면 참조). 그리고 여기에서는 하느님 자신이 바로 배우자이므로 이 관계는 지속적인 관계이며 마리아는 절대적으로 동정이다.

마리아는 성령의 활동에 의하여 존재의 가장 깊은 곳, 정신적인 차원, '영신적'인 결합 안에서 스스로를 실현하는 것이다.

　이와 같은 까닭으로 그리스도교의 전통은 마리아를 해산 후에도 언제나 평생 동정으로 보고 있는 것이다: 그녀의 성부와의 결합은 동정적이며 늘 그러할 것이고 또한 마리아와 요셉은 항상 육체적 결합을 뛰어넘어선 차원에서 결혼생활을 영위하였다고 말하고 있는 것이다.

　이것은 그들의 사랑의 실제성에서 아무것도 제거하지 않는다. 그들은 세상의 어떤 부부보다도 더욱 깊은 사랑으로 사랑하였다. 그들은 참된 부부였고 감히 말하건대 '부부 이상'이었다. 그만큼 그들의 일치는 그들 자신의 이와 같은 끈 — 가장 깊고 우리가 '정신'이라고 부르며, 모든 인간 존재 안에서 하느님이 "중개자 없이"(「영신수련」 15항) 머물고 활동하는 곳이며, 하느님의 심연에서 솟아나오는 생명의 힘이 샘솟는 곳 — 안에서 잘 결합된 것이었다.

당신들은 모르셨습니까?

복음사가들은 우리에게 나자렛에서의 생활에 대해 아주 조금밖에 이 야기해주고 있지 않다. 이러한 생략은 예수가 다른 모든 아이들과 똑같이 성장했음을 암시하는 것이다. 조금씩 그는 그가 살고 있는 세상의 현실에 눈뜨게 되었다. 우선 그의 가족과 어머니, 아버지 그리고 친척, 친구, 이웃, 마침내 그 동족과 그의 나라에 대해서도 눈뜨게 되었다.

무엇 때문에 그는 30년을 이 작은 마을에서 살았을까? 아주 단순하게 말한다면 먼저 한 성인(成人)이 되기 위해서였으며, 다음에는 백성들의 눈에 권위를 가지는 랍비[선생]가 되기 위해서였다. 공자는 "30세 때 나는 입신하였다"라고 말했다(「논어」 제2권 참조).

열두 살 된 예수에 관한 성전에서의 이야기가 나오기 전의 예수의 첫 유년기를 루가는 두 문장으로 충분히 묘사하고 있다: "아기는 날로 튼튼하게 자라면서 지혜가 풍부해지고 하느님의 은총을 받고 있었다(루가 2, 40)." 이 모든 동사는 그의 성장과 성숙을 표현하고 있다. 예수가 자신의 사명과 하느님 아들이라는 신분에 대해 갖고 있는 의식이 그의 인간성이라는 현실 속에서 형체를 취해야 했다. 이것들에 대해 예수는 지워질 수 없는 인식을 갖고 있었지만 이 인식이 단 하루나 혹은 일년 만에 그의 인간으로서의 의식 안에 파악될 수는 없었다. 그러므로 탄생부터 사춘기가 끝날 때까지의 모든 어린아이의 발달에 있어서 그런 것처럼 예수에게도 인간이 형성되기 위한 단계와 마디들이 있었다.

이러한 과정에서 성전의 일화는 매우 큰 중요성을 갖는다. 그 이유는 이 일화를 통해 예수의 깊은 의식 안에 흐르고 있던 것, 그러나 요셉과 마리아는 깨닫지 못하고 있던 것을 엿볼 수 있기 때문이다. 그때까지는 키우기 쉬운 아이로서 모든 것이 매우 단순하게 진행되었다. 예루살렘으로의 예수의 첫 번째 올라감은 그의 부모들 쪽에서도 아이 쪽에서도 일종의 '위기'였다. 지금까지 대단히 온순하고 균형 잡혀 있던 그 아이가 갑자기 행방을 감춘 것이며, 그들로서는 이 행동을 이해할 수가 없었던 것이다: "얘야, 왜 이렇게 우리를 애태우느냐? 너를 찾느라고 아버지와 내가 얼마나 고생했는지 모른다(루가 2, 41-50 참조)."

사흘 동안 마리아와 요셉은 예전에 결코 경험해 보지 못했던 부재의 느낌과 공허함과 절대적 침묵 앞에 서 있게 되었다. 그들은 다른 모든 이들처럼 아이를 예루살렘에서 잃어버렸다. "사흘 만에(루가 2, 46)" 그들이 아이를 다시 찾았을 때 - 이 표현은 예수가 죽음 안으로 사라짐과 부활하여 되돌아옴의 빠스카 승리(Michel Corbin, "Christ, Puissance de Dieu". Supplément à Vie Chrétienne n°237, p.31 이하 참조)를 우리에게 상기시킨다 - 그는 또 다른 빛 속에서 그들에게 나타났다. 갑자기 영혼의 참된 '밤'이 지난 후에 신비의 실재가 그들의 눈을 부시게 했다. 예수가 사라졌던 사흘 동안의 공허함은 마리아와 요셉이 자기들의 고통을 통해서, 아이 자신이 점점 더 의식해가고 있던 것 즉, 그가 '하느님의 아들'이라는 것을 깨닫는 데 필요했던 것 같다. 그리고 예수 역시 법적으로 성인(成人)이 되던 순간인 열두 살에, 자기의 인성 안에서 하느님의 아들이 된다는 것이 무엇인가를 체험해야 했다.

그리스도의 생애 속에서 시발점으로서 주목할 만한 이 일화 후에 그의 생활은 전으로 되돌아갔고 아무런 다른 이야기들이 없다: "예수는 부모를 따라 나자렛으로 돌아와 부모에게 순종하며 살았다. 그 어머니는 이 모든 일을 마음속에 간직하였다(루가 2, 51)." 마리아는 시련 가운데서 성령이 그녀에게 아이에 대한 어떤 신비를 엿보게 해주었으므로 묵상할 자료가 있었다. '어둠'으로부터 벗어난 지금 그녀는 그 아이가 성부의 아들이라는 의식을 아이와 함께 나눌 수가 있었다. 그리고 루가는 다시 한번 더 강조할 필요성에서 약간 다른 어휘로 이렇게 기록하고 있다: "예수는 몸과 지혜가 날로 자라면서 하느님과 사람의 총애를 더욱 많이 받게 되었다(루가 2, 52)." ……그리고 그 누구보다도 요셉과 마리아에게서 사랑과 총애를 받았다.

순간적인 깨달음과 점진적 발견

마리아가 걸어온 노정(路程)을 살피고 있는 우리는 이제 그녀의 경험을 전체적으로 살펴볼 수 있는 지점에 이르렀다. 여러분은 이미 주님이 어떻게 그녀를 천사의 중개를 통해 직접 가르쳤으며, 한편 어떻게 엘리사벳, 시므온, 그 외의 다른 여러 사람을 통해 그녀를 가르쳤는가 하는 것을 보았다.

그러나 여기에 강조될 수 있는 또 다른 측면이 있다. 마리아의 노정은 갑작스러운 빛, 빠르고 번쩍이는 계시들에 의해 리듬이 붙여졌는데 이들 다음에는 늘 점진적인 묵상이 뒤따르고 있다. 하느님은 한순간에 그분 안에서 혹은 그녀 자신 안에서 그녀를 초월하며 그녀를 당황하게 하는 신비를 엿보게 한다. 그녀는 단번에 인간 이해의 능력을 초월하는 깊이로 옮겨진다. 그리고 하느님 자신으로부터 오는 이 깨달음이 지나가면 그녀는 이 실재에 도달하기 위한 길을 만들기 시작하는 것이다. 마리아는 내적으로, 이 모든 신비가 계시되었던 바로 그곳 즉, '그녀의 마음'으로 향한다. 마리아는 그녀 자신의 고유한 수단들을 이용하여 주님이 그녀의 아들 예수와 그녀 자신에 대하여 계시한 것들을 충만하게 의식하려고 노력하였다. 이런 기나긴 깨달음의 과정은, 영혼과 정신과 육체를 포함한 그녀 전체를 신비에까지 인도하였다.

이 점에 있어 마리아의 경험은 참으로 여성적이었다. 그녀는 따지려

들지 않고 그녀의 '마음'으로 이해하려 했던 것이다. 여기에서의 마음은 감정의 중심이 되는 마음이 아니라 아빌라의 데레사가 「영혼의 성(城)」에서 '정신' 혹은 '영혼의 중심'이라고 불렀던 그것이다. 이와 같이 하느님이 그녀를 통해서 그녀를 위해서 그녀 안에서 이룬 일을 묵상할 때 마리아는 자기 자신의 가장 깊은 심연으로 내려갔다. 이와 같이 그녀는 사람들이 소위 정신의 문이라고 부를 수 있는 것을 통해, 감정을 뛰어넘으며 마음의 가장 깊은 곳으로 파고들어가는, 하느님으로부터 오는 인식에 도달했던 것이다.

그리스도교적이 아닌 배경에서 수행되었던 영적 체험들을 여기에서 생각해 보는 것도 흥미로운 일이다. 인도의 요가—여기서 요가란 체험의 극단에까지 이른 요가를 의미한다—이론에서는 영혼의 중심은 정신이라고 부른다. 이 '정신'은 곧 그 사람의 가장 근원적인 '자아'이다. 이 단계에서 관상하는 사람은 하느님과 친교를 맺게 된다. 또 다른 예로서 도교 체험의 몇 가지 측면을 들 수 있다.

그런데 여기서 그리스도교적인 체험 특히 마리아의 영적 체험의 특징을 이루는 것은 바로 하느님이 비인격적이며 일반적이거나 추상적인 신이 아니라고 하는 점이다. 마리아가, 예수에 관하여 그녀에게 일어난 모든 일에서 자양분을 받아 자라난 신앙 안에서, 인격 대 인격의 사랑의 관계를 맺은 것은 바로 성서가 그녀에게 계시해준 인격적이고 역사 안에 현존하는 하느님과 그렇게 한 것이다. 그리고 이 관계는 인간 역사 속에서 유일한 수준에 도달했다.

성서가 전해주는 마리아의 모든 체험들은 예외적으로 뛰어난 계시적 힘을 가지고 있다. 예루살렘 성전에서 생긴 사건에서 갑작스럽고 구체적인 방법으로(행방을 감추고 사라짐) 그 아이가 성부의 아들이라는 사실과 대면한 그녀는 요셉과 자신에 대한 그녀 아들의 순종이 더욱 근본적이고 본질적인 순종의 상징이라는 괴로운 사실을 발견한다. 예수는 성부가 원하는 것만을 원할 수 있을 뿐이며, 모든 것에서 그는 성부의 뜻을 행한다.

예수가 "왜, 나를 찾으셨습니까? 나는 내 아버지의 집에 있어야 할 줄을 모르셨습니까?(루가 2, 49)"라고 한 말은 마리아에게는 그 정신과 마음을 전적으로 침묵 속에 잠기게 한 전격적인 계기가 되었다. 그녀도 요셉도 이 말을 이해하지 못했다. 그녀의 아들과 열두 해를 함께 살아온 후에도 그녀는 자기 아이의 신비에 대한 새로운 인식으로 들어가기 위해서 이 이해할 수 없는 사실에 직면해야만 했던 것이다.

가나의 사건이 있기 전까지, 말하자면 거의 20여 년 동안 마리아에 대해서는 더 이상 언급되지 않을 것이다. 그러나 예수가 자라난 이 기간 동안 마리아 역시 자기 아들에 대한 앎과 그의 신비에 대한 지식에 있어서 자라났다. 그러나 이 묵상은 마리아 혼자서 한 것이 아니었다. 그녀는 요셉 안에서 아이의 친아버지의 '모상'을 볼 수 있을 만큼 꿰뚫는 시선으로 요셉을 보고 있었으므로, 아이와 요셉의 친밀한 관계는 예수와 성부의 친밀함이 어떠할 것인가를 그녀가 깨달을 수 있도록 도왔다. 그리고 특히 천사에 의하여 통지를 받은 후부터 그녀는 예수가 '나의 아버지'라고 부르는 그 하느님과 완전히 일치하여 동정녀로 산 것이다.

제 3 부

그리스도의 어머니와
우리의 어머니

"이제부터는 온 백성이 나를 복되다 할 것입니다(루가 1, 48)."

가나의 마리아

예수는 자신의 임무를 시작하기 위해 나자렛을 떠났다. 그는 우선 요한을 만나러 갔고, 그에게서 세례를 받았는데 이는 세례자 요한의 일과 자신의 일이 연결되어 있음을 증거하기 위해서였다. 이때 성부께서는 백성들의 눈에 예수의 사명을 확인시키기 위해서, 또 예수 자신에게 그가 신적 혈통을 가졌음을 확인시키기 위해 놀라운 방법으로 개입했던 것이다(마태 3, 13-17 참조). 어떤 의미로 성부는 당신 아들의 '경력'의 시발점에서 그를 '전진시킨다.' 만일 그리스도가 성부 편에서의 확인이 아직도 필요했다면 그는 그것을 지금 가지게 된 것이다. 이 확인은 예루살렘 성전의 일화와 연결선상에 있으며 이미 그리스도가 성부와 자신의 관계에 대해 하게 될 모든 이야기의 전조가 되고 있다.

세례를 받은 후 그리스도는 40일간을 사막에서 보낸다. 단식이 끝나면서 악마가 그를 유혹하여 첫 기적을 행하도록 했으나 그는 사탄의 말이 아니라 하느님의 말씀을 양식으로 삼았으므로 거절한다(마태 4, 4: 요한 4, 34 참조). 그러므로 그가 사막을 떠나 설교를 시작했을 때, 그는 아직 기적을 행하지는 않았다. 이러한 상황에서 예수는 나자렛에서 그다지 멀지 않은 가나의 혼인잔치에 초대된 것이다. "그 자리에는 예수의 어머니도 계셨다(요한 2, 1)."

이 사건은 세례자 요한이 바리새이인들이 보낸 사람들 앞에서 "나는 그리스도가 아니오(요한 1, 20)"라고 말한 사건으로부터 "사흘째 되던 날(요한 2, 1)"에 있었던 일이라고 언급되고 있다. "이런 일이 있은 지 사흘째 되던 날 갈릴래아 지방 가나에서 혼인잔치가 있었다. 그 자리에는 예수의 어머니도 계셨고 예수도 그의 제자들과 함께 초대를 받고 와 계셨다. 그런데 잔치 도중에 포도주가 다 떨어지자 예수의 어머니는 예수께 포도주가 떨어졌다고 알렸다. 예수께서는 어머니를 보시고 '어머니, 그것이 저에게 무슨 상관이 있다고 그러십니까? 아직 제 때가 오지 않았습니다'하고 말씀하셨다(요한 2, 1-4)."

여기에서 우리는 예수의 대답을 여러 가지 측면에서 해석할 수 있다. 글자 그대로 "당신과 내게 무슨 상관이 있습니까?"라고 번역할 수가 있는데 이 말은 "이 일은 우리들의 일이 아닙니다" 혹은 더 나아가 "상관 마십시오(공동번역 신약성서 불어판, Edition intégrale, p.295 각주)"라는 의미가 될 수도 있다. 그러나 예수가 대는 이유인 "아직 나의 때가 오지 않았다"고 하는 것은 그때 그의 정신 안에서 일어나고 있던 것에 대해 우리에게 알려줄 수가 있다.

온전히 하느님의 아들이면서도 예수는 복음을 선포하기 위하여 계획을 세워야만 했었다. 그는 깊이 숙고했다. 그에게 있어 한 가지 문제는 언제부터 자기를 나타내 보이기 시작할 것인가 하는 것이었다. 어떤 기회를 잡을 것인가? 그는 '그의 때'를 기다렸던 것이다. 언제 그때가 올 것인가? 그는 이때가 오게 하기 위해 서두른 것 같지 않다. 그는 그의 첫 번째 "기적"(요한 2, 11)이 그 충만한 의미를 가질 수 있을 적절한 시기를 기다리고 있었던 것이다.

그는 확실히 가나에서 기적을 행할 계획은 가지지 않았다. 그는 단순하게 다른 모든 손님들처럼 잔치에 참석했을 뿐이었다. 그런데 대단히 단순한, 한 사건이 그가 바라던 기회를 마련해주었다. 즉 거기서 잔

치를 위한 술이 떨어져 버렸던 것이다. 마리아는 사람들을 돕기를 원하였다. 그녀는 자기 아들이 누구인가에 대해 묵상하는 시간을 가졌었기 때문에, 그가 모든 것을 할 수 있다는 것을 알고 있었다. 아들을 증거한 성부는 마리아도 아들을 증거해야 한다는 것을 그녀가 이해하도록 했다. 그리고 마리아는 예수를 전적으로 신뢰함으로써 그를 증거해 보였다. 열두 살 때 예루살렘 성전에서는 바로 예수가 성부의 일을 해야 함을 마리아와 요셉에게 일깨워주었었다. 지금은 '자, 나의 아들아. 나는 네 아버지가 너에게 준 모든 권능을 알고 있다'라고 마음 깊은 곳에서부터 예수에게 말하는 이는 바로 마리아이다.

그리고 나서 "예수의 어머니는 하인들에게 '무엇이든지 그가 시키는 대로 하여라' 하고 일렀다(요한 2, 5)", 그 다음은 모두가 잘 알고 있는 내용이다. "이렇게 예수께서는 첫 번째 기적을 갈릴래아 지방 가나에서 행하시어 당신의 영광을 드러내셨다. 그리하여 제자들은 예수를 믿게 되었다(요한 2, 11)." 이와 같이 마리아는 모든 어머니가 삶으로 나아가는 아들을 위해 하듯이 그녀의 아들 안에 있던 능력에 대해 그가 깨달을 기회를 예수에게 주었다. 우리는 그녀가 아들의 때를 '오게' 했다고 말할 수 있을 것이다.

이 일이 있은 후 그녀는 다시 침묵으로 돌아갔다. 실제로 그 이외의 복음서들의 나머지 부분에서는 그녀에 대한 어떠한 말도 나타나지 않고 있음을 볼 수 있다.

누가 나의 어머니입니까?

루가는 우리에게 '이 마을 저 마을'로 예수를 따라다니던 여인들에 대하여 말하며 다음과 같이 열거하고 있다: "그들 중에는 일곱 마귀가 나간 막달라 여자라고 하는 마리아, 헤로데의 신하 쿠자의 아내인 요안나, 그리고 수산나라는 여자를 비롯하여 다른 여자들도 여럿 있었다. 그들은 자기네 재산을 바쳐 예수의 일행을 돕고 있었다(루가 8, 2 -3)." 마리아에 관해서는 그녀가 어느 정도로 그녀의 아들을 동반했는지 참으로 알 수가 없다. 그렇지만 우리는 그녀가 그녀의 친척들인 다른 사람들과 함께 꼭 한 번 언급되고 있음을 볼 수 있다.

하느님의 일들에 대해서는 아무것도 이해하지 못하는 "이 악한 세대"(마태 12, 45)에 대해 말한, 바리새이인들과 한바탕 토론 후에 예수는 그들을 가르칠 기회를 발견한다. "예수께서 아직 군중에게 말씀하고 계실 때에 예수의 어머니와 형제들이 밖에 와 서서 예수와 말씀을 나눌 기회를 찾고 있었다. 그래서 어떤 사람이 예수께 '선생님, 선생님의 어머님과 형제분들이 선생님과 이야기를 하시겠다고 밖에 서서 찾고 계십니다' 하고 알려드렸다(마태 12, 46 - 47)."

그들은 예수에게 무슨 말을 하려 했겠는가? '그에게 말할 기회를 찾으면서' 무슨 생각을 갖고 있었는가? 이 일화는 그의 친척들이 예수가 이성을 되찾게 하기 위해 그를 붙잡으려고 찾아다녔던 다른 경우와는 구별되는 것으로 보인다. "예수께서 집에 돌아오시자 군중이 다시 모여들어서 예수의 일행은 음식을 먹을 겨를도 없었다. 이 소식을 들은 예수의 친척들은 예수를 붙들러 나섰다. 예수가 미쳤다는 소문이 돌고 있었기 때문이다(마르 3, 20−21)." 이 두 일화를 비교해 보면 예수의 친척들이 그의 행동에 대해 매우 염려했다는 결론을 내릴 수 있다. 어떤 사람들은 그를 지지하였고 또 다른 이들은 그를 반대했던 것이다. 마르코의 이야기 속에서는 그와 가까웠던 몇몇 친척들이 그의 이성을 되찾아주고자 했다는 것이 확실히 드러난다.

이와 같은 상황에서 마리아가 어떤 처지에 놓여졌던가를 쉽게 상상할 수 있을 것이다. 사방에서 그녀가 개입하여 '무언가 하기를' 요구했을 것이다. 그런 상태로는 더 이상 계속할 수가 없다는 것이다. 그런 상황으로 나간다면 모든 친척이 한 사람으로 인해 불명예스럽게 되기 때문이다. 만일 아무도 자기 고향에서는 쉽게 예언자 노릇을 할 수 없다면 예수도 마찬가지였던 것으로 보인다!

친척들이 말했던 이 모든 것에 대해 마리아는 뭐라고 대답할 수 있었겠는가? 나자렛에서 그들로부터 이와 같은 압력을 받은 후에 예수가 호숫가에 임시로 자리 잡은 곳에 이르러서 마리아는 얼마나 더 이러한 압박을 견뎌내야 했을까? 마리아는 자기가 알고 있는 모든 것을 말할 수 없었다. 그녀는 대단히 흥분한 이들을 진정시키고자 노력해야만 했다. 그러나 그녀는 무엇보다도 침묵 중에 이것을 감당해내야만 했다.

마르코는 이 이야기에서 마리아에 대해 언급하지 않는다. 그러나 그녀가 그곳에 있었든 없었든 간에 그녀는 자주 그들이 "그는 머리가 돌았어. 우리는 어떻게 될까?"라고 말하는 소리를 들어야만 했다. 또한 친척들이 "그는 미쳤어! 이제 그는 입을 다물어야만 해. 그를 붙잡으러 가자!"라고 아우성쳤을 때 마리아는 무엇을 느꼈겠는가? 그러므로 어느 날 저녁, 사람들이 예수에게 그의 어머니와 친척들이 이야기하기를 청한다고 전해왔을 때 그는 친척관계가 그에 대해 어떤 권한을 갖게 하지는 못한다는 것을 그들이 알아듣도록 대답한다. 그들은 친척이란 이름으로 그를 침묵하게 할 권리를 주장할 수는 없다.

열두 살 때 성전에서 예수는 마리아와 요셉에게 자신의 신적 혈통을 밝혀주었고, 아브라함의 후손임을 자랑하는 유다인들에게는 일종의 영적인 또 다른 인척관계가 존재함을 일깨워주었던 것이다. 여기서 예수는 그의 모든 친척들에게 유사한 교훈을 주고 있다. 그가 가족을 부인하는 것은 아니지만 그는 또 다른 관계로 그들을 들여보내고, 또 다른 형제적 사랑이 있다는 것을 느끼게 한다: "그리고 제자들을 가리키시며 '바로 이 사람들이 내 어머니이며 내 형제들이다. 하늘에 계신 내 아버지의 뜻을 실천하는 사람이면 누구나 다 내 형제요, 자매요, 어머니이다' 하고 말씀하셨다(마태 12, 49 − 50)."

예수의 이러한 대답은 예루살렘 성전에서 예수가 한 대답과 마찬가지로 마리아에게는 오랜 묵상의 기회가 되었음이 확실하다. 그리고 이러한 묵상은 십자가 위에서 예수가 그녀에게 "어머니, 이 사람이 어머니의 아들입니다" 그리고 요한에게 "이분이 네 어머니시다(요한 19, 26 − 27)."라고 한 말을 이해할 수 있게 준비시켰다.

어머니, 이 사람이 어머니의 아들입니다……
이분이 네 어머니시다

앞 장에서 언급한 친척에 대한 예수의 말씀 이후로 복음서는 마리아에 대해 더 이상 언급하지 않고 있다. 하지만 예수가 죽음을 향해 가기 위해 예루살렘에 올라가기로 마음을 정했을 때(루가 9, 51), 마리아 역시 예루살렘으로 눈길을 돌려, 진정한 빠스카, 최종적인 빠스카, 자기 아들의 빠스카가 될 빠스카 축제를 위해 아들을 따라 예루살렘에 올라갔음에 틀림없다.

바로 이런 식으로 우리는 마리아가 예수 사명의 전개에 있어서 한몫을 담당한 방식을 보아야 하는 것이다. 가나에서 그녀는 예수로 하여금 행동하고 앞으로 나아가도록 밀어준 것처럼 보였으며 예수는 마리아의 말대로 행동한 것처럼 보였다. 지금도 마리아는 그의 아들을 동반했다. 이것은 그가 가는 어느 곳이나 마리아가 따라다녔다는 의미가 아니라 예수가 하는 모든 것에 끊임없는 관심을 기울임으로써 예수를 동반했다는 뜻이다. 예수처럼 마리아도 두려움의 순간들을 가진다. 자주 그녀의 마음은 불안했다. 그리스도의 마음이 고통스러우면 마리아의 마음도 그러하였다: 그녀는 아들이 당하는 '수난'과 똑같은 비중으로 그녀의 연민 속에서 고통을 당했다.

그녀는 시므온의 말들이 무엇을 뜻했는지를 이해하기 시작했다. 수난의 때가 가까워짐에 따라서 시므온이 예언한 바와 같이 숨은 생각들이 밝히 드러났던 것이다: "그러나 그는 반대자들의 숨은 생각을 드러나게 할 것입니다(루가 2, 35)." 마리아도 예수를 아는 이들의 마음속의 갈등에 동참했던 것이다. 그들 중 어떤 이들은 그를 떠났고 다른 이들은 주저하면서 어찌할 바를 몰라 했던 것이다. 예수를 믿는 무리들이 점점 적어졌다. 그러나 마리아는 믿고 따르는 무리들의 중심이 되었던 것이다. 그녀는 자기가 어떻게 해야 할지를 생각할 필요가 없었다. 그녀는 자기 아들을 '따르며' 자기도 나름대로 죽음을 향해 간다는 것을 알고 있었다. 그 죽음은 자기 아들의 죽음을 죽는 어머니의 죽음이다.

복음은 갈바리아 길에서의 예수와 어머니와의 만남에 대해 말하지 않고 있다. 그 사실은 우리에게 전승에 의해 알려져 있는데 우리는 그것이 사실이라는 것을 시인할 수밖에 없을 정도로 그 이야기는 그럴 듯하다(만일 우리가 기록된 책들을 가지고 있지 않았다면 우리는 보다 쉽게 신자들에 의해 전해 내려오는 구전(口傳)의 전승을 받아들일 것이다).

그러므로 우리는 십자가 밑에서 마리아를 다시 발견한다: "예수의 십자가 밑에는 그 어머니와 이모와 글레오파의 아내 마리아와 막달라 여자 마리아가 서 있었다. 예수께서는 당신의 어머니와 그 곁에 서 있는 사랑하시는 제자를 보시고 먼저 어머니에게 '어머니, 이 사람이 어머니의 아들입니다' 하시고 그 제자에게는 '이분이 네 어머니시다' 하고 말씀하셨다. 이때부터 그 제자는 마리아를 자기 집에 모셨다(요한 19, 25 − 27)."

이 내용은 놀랄 만큼 단순하다. 마리아는 서 있었다. 요한과 다른 여인들도 역시 서 있었다. 그들은 예수가 성부와 하늘을 대면하여 십자가 위에 서 있는 것처럼 서 있다. 마리아의 이와 같은 태도는 의미가 없지 않다. 그녀는 고통의 무게로 실의에 빠지지 않는다. 그녀의 몸을 똑바로 지탱하는 것은 그녀의 내적 정신이며, 아들과 일치하여 성부의 뜻을 수락하겠다는 단호한 원의이다. 이와 같은 태도를 통해 그녀는 그녀의 아들처럼, 두려움과 고통과 번뇌로부터 일어섰음을 보여준다. 그녀는 연민과 힘으로 충만하여 서 있다. 그녀는 이미 자신을 생각하지 않는다. 그녀의 아들의 수난은 그녀의 것이고 그녀의 아들의 죽음도 자신의 죽음이 된다.

'이 순간부터' 마리아는 단순히 '예수의 어머니'가 아니라 예수의 제자들의 어머니가 되었다.

"이 사람이 어머니의 아들입니다…… 이분이 네 어머니시다"라는 말씀을 주석하면서 교회는 예수의 모든 제자에 대한 마리아의 영적 모성을 특히 강조하고 있다. 사실 이것이 예수의 이 말씀의 가장 확실한 의미이다.

그러나 우리는 한 걸음 더 나아갈 수 있다. 즉 마리아는 예수에게 인성을 주었다. 그런데 예수는 이 인성을 전 인류와 공유하고 있다. 이와 같이 전 인류는 마리아에게서 자기의 신성한 혈통을 되찾게 된다. 그녀 안에서 모든 인간 존재는 하느님의 자녀로 다시 돌아오는 것이다. 십자가의 신비라는 전망뿐만 아니라 육화(肉化)의 신비의 전망 안에서 예수의 이 말씀들을 다시 읽어 봄이 좋을 것이다. 자기 아들이 '최후까지의'(요한 13, 1 참조) 순종으로 모든 국면에 걸쳐서 그 신적 혈통의 인간적 체험을 하려 하는 순간에 마리아 역시 성부의 배우자요, 성령의 권능에 의한 성자의 어머니로서 인류 전체의 '어머니'가 된다. 그녀는, 성부와의 결합을 통해 그녀는, 그 안에서 육화와 구속(救贖)과 신적 생명에의 참여라는 삼중의 유일한 신비가 모든 인류를 위해 일어나는 이 인간성을 자기 아들에게 주었다.

이와 같은 빛 속에서 마니피캇의 마리아의 모든 말씀은 그 전체 의미를 드러낸다: "이제부터는 온 백성이 나를 복되다 할 것입니다(루가 1, 48)."

우리의 어머니이신 마리아

마리아와 요한에게 한 예수의 말씀은 그리스도인들의 감성과 의식 안에 깊이 새겨졌다. 이와 같은 감정적인 면에만 머물러 있으면 가장 깊은 심오한 신비를 이해하는 길을 막을 위험이 있다. 그리스도가 우리의 감정을 감동시키는 것만을 원한 것이 아님은 확실하다. 그분은 결코 이런 단계에 머물러 있지 않는다.

우리가 그리스도의 말씀들을 예수 그리스도 안의 구세사라는 총괄적인 전망 안에서 조명해 보면 상당한 깊이와 폭을 지니고 있다. 여기서는 '원죄'나 '인간의 본성'이라는 문제에 관한 신학적인 논쟁 안에 들어가지 않고 구원의 '조화'에 대한 성 바울로의 단언을 다시 살펴보는 것으로 만족하기로 하자.

성바울로가 말한 대로 아담으로 인해 우리 모두가 죄를 짓기는 했지만 그리스도 안에서 우리는 모두 구원되었다. 사실 "아담의 범죄의 경우에는 그 한 사람 때문에 많은 사람이 죽었지만 하느님의 은총의 경우에는 예수 그리스도 한 사람의 덕분으로 많은 사람이 풍성한 은총을 거저 받았다(로마 5, 15)." 이러한 은총은 죽음에서 부활하신 그리스도에 의해 우리에게 주어졌다. 십자가 위에서 운명하는 그리스도와 함께 죄에 물들었던 전 인류가 죽음을 지나간 것이다.

하와는 첫 번째 죽음 즉, 은총에의 죽음의 기원에 있었다. 그리스도 안에서 이 '죽음'까지도 죽음에 부쳐졌으며 인류는 그리스도가 자기들에게 주는 새로운 생명에 대해 준비되었던 것이다. 그의 어머니는 전대미문의 특전에 의해 그녀의 존재 시초에서부터 아들의 핏속에 있는 구원의 수혜자가 되었던 것이다. 미리 그리스도 안에서 첫 번째로 '재탄생'된 자인 그녀는 자신이 새로운 생명의 기원에 놓였음을 보았다.

우리는, 그녀가 '은총을 가득히' 입고, 유일한 방법으로 영원으로부터 하느님의 사랑을 받은 것을 천사의 계시에 의해 깨닫고, 자기에게 전 인류의 구세주의 어머니가 되어 달라고 제안하는 하느님의 말씀을 믿으려는 준비가 완전히 되었을 때 그 혜택을 입은 자들이다.

이 새로운 탄생을 위해서 인류에게는 한 분의 어머니가 필요하다. 그렇지 않다면 이 구원은 생명을 되살리는 것이 되지 않고 단순히 법적 죄명을 씻는 일일 것이다. 그리스도는 자신과 마리아가 그에게 주었던 인간적인 삶에 대해 죽었다. 그러나 그는 더 멀리까지 나아갔다: 그는, 인간이 되기 위해서 성부로부터 오는 영광을 '포기'한 것처럼, 이 아들로서의 관계를 포기하고 그의 어머니에 대해서도 '죽었다'고 말할 수 있다. 어떤 의미에서 예수는 성부를 '포기'했으며 지금은 십자가 위에서 그의 어머니도 포기하는 것이다. 그는 그녀를 모든 인류에게 내어주었다. 그것은 모든 인류가 그녀와 함께 거룩한 생명으로 다시 태어나고, '은총에 가득 찬' 상태에 있게 하기 위한 것이다.

이와 같은 전망에서 마리아는 하와보다 훨씬 더 근본적이며 실제적으로 우리의 어머니가 된다. 이와 같은 빛 속에서, 그리스도의 부활과 죽음에 참여함으로써 우리는 새롭게 탄생한다고 말하는 신약성서 구절들은 크게 부각된다. 우리는 그리스도 안에서 '다시 태어나고', 성령 안에서 그녀의 아들의 신비에 참여함으로써 전 인류의 어머니가 된 마리아 안에서 다시 태어나는 것이다.

이것이 바로 구세주에 의해 구원된 어머니로서 '모든 세대가 그녀를 복되다고 하는' 까닭이다. 그녀는 성령 안에서의 우리의 새로운 탄생의 뿌리 자체에 그녀의 아들과 함께 있다. 그녀 자신이 성령이라는 유대를 통해 얼마나 깊이 성부와 결합되어 일치해 있는가를 앎으로써 우리는, 그녀가 인간의 육신을 취한 그리스도를 낳으면서 또한 우리를 끝없이 낳으며 우리에게 그녀의 아들 예수의 모습을 닮은 얼굴을 준다는 것을 더욱더 잘 이해하게 된다. 이상과 같은 것이 십자가 아래에서 계시된 신비, 또 후에 마리아가 교회의 탄생 시 현존해 있게 될 때 나타날 신비였다.

최후만찬에서의 마리아

갈바리아의 장면 이후 마리아는 다시 한번 복음서에서 사라진다. 그녀는 부활절 아침에 무덤에 갔던 여인들과도 함께 있지 않았다. 부활 이후 예수의 어떠한 나타남에서도 우려는 그녀의 현존에 대한 언급을 찾아볼 수가 없다. 그러나 우리는 그녀가 요한의 집에 살고 있었기 때문에 그렇게 멀리 있지 않았다는 것을 알 수 있다. 예수의 친구들과 사도들이 모임을 가졌을 때 그녀도 함께 있었을 확률은 매우 높다. 그러나 그녀가 언급되는 것을 보려면 예수의 결정적인 떠남에 이를 때까지 기다려야 한다(사도 1, 14).

예수가 당신 승천에 대한 증거자로 만들기 위해 올리브 산에로 사도들을 인도하기 전에 그들과 마지막으로 함께한 식사 때에(사도 1, 4) 그녀도 그곳에 있었다고 생각하는 데에는 매우 타당한 이유가 있다. 산 위에 도착하여 예수는 그의 제자들을 축복하고 그들을 세상에 보내었다: " '땅 끝에 이르기까지 어디에서나 나의 증인이 될 것이다.' 예수께서는 이 말씀을 하시고 사도들이 보는 앞에서 승천하셨는데 마침내 구름에 싸여 그 모습이 보이지 않게 되셨다(사도 1, 8-9)." 이 구름은 예수가 이 땅 위에서 산 것과는 다른 삶을 살기 위하여 다른 세계에로 들어갔음을 상징하는 것이다. 이 구름은 신비의 상징이라 하겠다.

그리스도는 구름 속으로 들어갔다. 그러나 우리에게 신적인 실재들은 아직도 숨겨져 있다. 예수의 친구들에게는 예수를 따라 하느님의 빛 속으로 들어가기 위해 이 구름을 통과할 때가 아직 오지 않았다. 그들은 이 구름을 신앙의 행위에 의해서만 통과할 수 있다. 그러나 지금부터 그들은 예수가 그의 영광 안으로 돌아갔다는 것을 믿는다. 이것이 바로 그들이 행복했던 까닭이며, 루가 복음사가의 말대로 "기쁨에 넘쳐 예루살렘으로 돌아간(루가 24, 52)" 이유이다.

그들은 또한 그 후로 영원히 영광을 누리고 있는 예수가 성령을 약속했기 때문에도 기뻤던 것이다. 그 성령은 주님이 말한 모든 것을 깨닫게 해주고 그들의 마음에 살게 될 분이다.

예수가 사라지자 사도들과 예수를 따르던 이들은 예루살렘으로 돌아왔다: "성안에 들어온 사도들은 자기네가 묵고 있던 이층 방으로 올라갔는데…… 그 자리에는 예수의 어머니 마리아를 비롯하여 여러 여자들과 예수의 형제들도 함께 있었다. 그들은 모두 마음을 모아 기도에만 힘썼다(사도 1, 13 - 14)."

마리아는 친구들과 친척들과 예수의 첫 제자들 가운데 '어머니'로 있었다. 예수의 어머니이며 우리의 어머니가 된 마리아는 초대교회의 어머니가 되었다. 그녀는 성령의 능력에 의해 성부와 결합하여 성자의 신비로운 육체를 받아서 낳았던 것이다. 인성(人性)과 육신을 성자에게 준 후에도 그녀는 인류가 성자와의 친교에 들어옴에 따라 이 역할을 신비롭게 계속한다. 그래서 마리아는 세상 끝날 때까지 교회의 어머니가 되는 것이다.

예수승천과 성령강림 사이에 흐르는 날들은 깨어 있음과 기도의 날들이다. 이 작은 공동체와 함께 마리아는 성령이 오심을 기다렸고 그곳에서 그녀는 모든 사람의 말없는 기다림의 고무자였다.

그러나 그녀 자신의 기다림은 특별한 성격을 지닌다. 육화의 순간에 그녀는 자신 안에서의 성령의 행위를 절대적으로, 유일한 방식으로 감지했다. 성령강림 날에 마리아는 또다시 새로운 성령의 체험을 했으나 이번에는 그녀 혼자가 아니라 그리스도인들의 초기 공동체와 함께 성령을 받았던 것이다. 이와 같은 표명은 그녀의 존재 시초부터 그녀 안에서 이루어진 성령의 활동에 새로운 빛을 던졌고 십자가 위에서 그녀의 아들이 그녀에게 부여한 새로운 모성을 확인했다. 예수의 어머니는 이제는 교회의 어머니가 된 것이다. 그녀는 이 교회의 중심이며 생명이 되는 것이다. 그녀에게는 참으로 인류 전체의 어머니가 되는 일이 여전히 남아 있다. 그녀는 인내롭고 겸손한 동정녀이며 이때를 침묵 중에 기다릴 것이다.

마리아의 세 번째 침묵

최후만찬에서의 그녀에 대한 언급이 있은 후 마리아는 신약성서의 이야기에서는 결정적으로 사라진다(묵시록에서 그녀에 대해 언급하지만 그녀에 관한 직접적인 이야기에 속하지 않는다). 마리아는 깊은 침묵 속으로 들어갔다. 우리는 요한이 그녀를 그의 집에 모신 것은 알지만, 요한이 어디로 갔는지는 알지 못한다. 전승(傳承)에서는 에페소라고 말하고 있다. 그것은 아주 그럴 듯한 일이다. 마리아는 요한을 따라갔을 것이다. 그러나 그녀가 어디에 살았는지는 그리 중요하지 않다. 우리가 여기서 관심을 가지는 것은 바로 마리아의 침묵이며 그녀에 대한 성서의 침묵이다. 그녀는 이제 예수의 첫 유년기 동안에 그랬던 것처럼 침묵 속에 잠겼다. 그러나 이것은 그녀의 영향이 초대교회들 안에서 감지되지 않았다는 의미는 아니다.

이러한 전망에서 마리아는 항상 어머니가 되며 교회의 성장을 지켜보고, 인류가 그 완성에 도달하지 않는 한, 내내 마지막 시간까지 어머니다운 상냥함으로써 교회를 품을 어머니이다. 이 완성은 또한 "하늘과 땅에 있는 모든 것을 그 안에 하나로 할(에페 1, 10 참조)" 그리스도의 몸의 완성이기도 하다. 교회의 이 긴 여정에서 마리아는 그리스도의 생애 동안에 그랬던 것처럼 드러나지 않게 현존하고 있다. 우리의 역사 안에 때때로 매우 드물게 나타나는 '발현'은 그녀의 지속적인 관심과 끊임없는 참여와 결코 꺼지지 않는 사랑의 표시일 뿐이다.

마리아는 영원한 어머니이다. 그리스도의 은총에 의해 그 깊은 본성 안에서 다시 태어나는 인류의 어머니이다. 지금 예수승천 후에 그녀가 들어간 이 깊은 침묵은 바로 성취된 일에서 오는 평화로운 침묵이다. 갈바리아 산상에서와 예수의 죽음 후의 그녀의 침묵은 통고의 침묵이었다. 그러나 지금은 즐거움과 기쁨의 침묵이다. 마리아는 대단히 평범하면서도 동시에 조금도 평범하지 않은 그녀 자신의 일생을 회고하는 시간을 가졌다. 그녀는 하느님 행위의 기묘한 세계로 들어갈 것을 수락했다. 그녀에게 일어난 사건에 대해 생각하면 할수록 그녀는 어떻게 이 모든 것이 서로 연결되어 잇따라 일어났는지를 더 잘 볼 수가 있었다. 그녀가 걸어온 모든 발걸음이 지금은 모두 의미를 지니게 되었으며 금실이 그녀 생애의 모든 순간을 엮고 있었다. 하느님 계획 즉, "하느님께서 미리 세워놓으셨던 계획(에페 1, 9)"은 그녀에게 사랑과 빛의 길처럼 드러났다.

바로 그녀의 생애의 이 마지막 기간 동안 그녀는 루가사가와 다른 사람들에게 하느님이 그녀에게 행동하신 방법에 대해 이야기했음에 틀림없다. 그녀는 이에 대해 말을 해야만 했으며 그 대상은 그녀의 자녀들이었다. 예수가 그의 친구들과 사도들에게 모든 것을 말한 것처럼 마리아도 그녀의 자녀들에게 말하였다. 이것은 그녀에게는 쉬운 일이었다. 아무런 '특별한' 것도, 사람들이 일상적으로 말하는 의미에서의 '기적적인' 아무 것도 없었다. 다만 그녀 안에서의 하느님과 인간성의 결합의 신비가 있을 뿐이었다.

이와 같은 결합을 위해 하느님은 그녀의 상상력이 황홀감을 느끼게 될지도 모를 요정들의 환상적인 세계로 그녀를 데리고 가지 않았다. 아니다. 모든 것이 평범하고 대단히 인간적인 일들의 한가운데에서 즉, 결혼과 잉태와 여인의 삶 한가운데에서 일어났다. 그리고 그녀의 전 생애였던, 하느님의 아들을 출산한다는 특별한 사건은 너무도 단순한 인간 조건 안에서 일어났기 때문에 하느님의 일은 오직 그녀와 측근자들에 의해서만 감지되었던 것이다.

예수는 그의 죽음의 순간에 모든 것을 완수했다. 하지만 그의 일이 모두 이루어진 것은 아니다. 왜냐하면 그는 아직도 '완성(히브 5, 9 참조)'에 도달하지 못했기 때문이다. 마리아의 경우도 마찬가지이다. 그녀는 그녀의 아들과는 또 다른 방법으로 그녀 자신의 '완성'을 향해 가고 있는 것이다.

예수는 성부에 대한 순명 안에서 그의 생명을 기꺼이 제물로 바침으로써 젊은 나이에 죽었다. 이리하여 그는 그의 인간적 실존 안에서는 완전한 방식으로 나타낼 수 없었던 그의 신성(神性)을 증거했다. 그리고 그렇게 함으로써 우리를 죽음에서 구해냈던 것이다.

마리아는 이제 점점 더 깊어지는 평화 속에 들어감으로써 삶을 계속할 것이다. 여기서 나에게는 제자들에게 둘러싸여 평화롭게 죽어가는 부처의 영상이 떠오른다. 부처의 길은 그리스도의 그것과는 완전히 다르다. 그러나 마리아와는 어떤 면에서 비슷한 점을 본다. 나는 그녀 자신이 행복한 노년기에 자신의 완성을 이루었음을 본다(이것은 예수는 할 수 없었던 것이다). 그리고 성바울로가 "질그릇 같은 우리 속에" 거룩한 생명이라는 "보화를 담고 있다(2고린 4, 7 참조)"고 할 때 말하는 이 신비에 그녀가 놀라운 형상을 주고 있음을 보게 된다.

마리아는 "우리가 들어 있는 지상의 장막집이 무너지면 우리는 사람의 손으로 지은 것이 아니라 하느님께서 세워주시는 하늘에 있는 영원한 집에 들게 된다는 것(2고린 5, 1)"을 잘 알고 있었다. 마리아가 그녀의 지상 생애의 마지막 몇 년 동안 점점 더 마음속에 받아들여 간직한 것은 이와 같은 실재가 아니었을까?

성모몽소승천

마리아의 역사는 그녀의 죽음으로 종결이 된다. 이 죽음에 대해서 여러 가지 야사(野史) 같은 이야기들이 적지 않지만 우리는 이 죽음에 대해 조금도 알지 못한다. 확실한 것은 일찍부터 그리스도인들 가운데서 마리아의 마지막 잠인 죽음을 경축하는 동정녀의 '죽음'으로 불리는 축일이 생겨났다는 점이다. 그녀의 이 지상 생명이 끝날 때가 되었을 때 그녀의 죽음은 평화로웠다(그것은 그녀의 아들의 죽음처럼 난폭하지 않았다). 교회의 전통적인 언어를 빌자면 마리아는 그녀의 영혼과 함께 육신도 '하늘에 올림을 받았다'는 것이다. 그렇게 되어 맨 처음으로 성부가 계신 집의 문을 활짝 열었던 그녀의 아들과 결합된 것이다.

적지 않은 그리스도인들이 이 '성모몽소승천'을 단지 신자들의 경건한 상상으로만 이해하며 매우 받아들이기 어려워하고 있다. 그 내용이 우리의 일상적인 경험에 상치되는 것은 사실이다. 그러나 단일성에 대해 민감하고, '영혼'과 '육체'를 마치 별개의 것인 양 분리하는 것에 반대하던 시대, 많은 사람들이 육체가 붕괴되면 영혼도 따라서 붕괴된다고 믿던 시대에, 영혼이 끝이 없는 영원한 삶에로 들어갈 때 육체도 따라 들어간다고 생각하는 것은 충분히 가능한 일이 아닐까?

성모몽소승천에 관한 가르침은 마리아의 독특한 신비 안의 신앙에 관해 교회가 긴 세월 동안 해온 묵상의 결실이다. 교회는 전승된 설화

들뿐만 아니라 계시적 사실들에 입각해 이 가르침이, 마리아의 신앙을 이해시키고 그 영광스런 완성에 도달한 이 신비를 설명하기에 가장 적합한 표현임을 인정한다.

마리아 안에서 본래적인 천성은 더럽혀지지도 변형되지도 않았으므로 그녀는 태초의 숨결 안에서 그녀에게 생명을 부여한 성령께 완전히 순종적으로 머물러 있었다. 마리아의 인성은 가능한 한 최대로 완벽한 신적 실재의 '모상이요 닮음(창세 1, 26 참조)'이며 표현이다. 그녀의 전 생애 동안 마리아는 그녀의 정신, 그녀의 마음, 그녀의 육체에 있어서까지도 거룩한 성령께 완전히 순종했다. 그녀의 온 존재가 성령에 의해 생동하였다. 그녀 안의 아무것도 성령의 활동에서 벗어나는 것이 없었다. 그렇지 않았다면 그녀는 하느님의 말씀이 몸과 마음과 정신을 갖게끔 할 수가 없었을 것이다.

그녀 안에서, 그녀를 통해서 "말씀이 사람이 되셨다(요한 1, 14)"라는 말이 무엇을 의미하는 것인지 꼭 헤아려 보아야 한다. 그녀는 정신의 모든 역량과 마음의 모든 능력과 육신의 모든 기능으로써 육화에 참여했던 것이다. 하느님의 아들이 인간이 된 것은 단순히 '그녀 안에서'만이 아니라 '그녀를 통해서'이기도 했다. 그런데 이는 마리아의 인간성을 온전히 특별한 상황에 위치시키는 것이다. 이것이 성모몽소승천을, 하느님에 의해 그 아들의 어머니에게 주어지는 한 보상이거나 혹은 은총인 것처럼 단순하게 생각해서는 안 된다고 하는 까닭이다. 성모몽소승천은 마리아의 신비의 논리 자체에 들어 있는 것이다.

살아 있는 존재를 구성하는 모든 것은, 사랑과 빛과 생명을 그에게 주는 성령으로부터 나온다. 성령 밖에는 존재의 '장소'가 없다. 인간을 성령으로부터 분리시키는 것은 '육체'가 아니라 그의 '죄'이다. 하느님의 첫 계획 안에서 성령에 의해 고무된 인간은 항상 성령의 품에 머무

르도록 되어 있어서 그가 죽음의 때에 이르면 성령이 우리 존재에 대한 전적인 통솔력을 되찾도록 되어 있었다. 우리가 인간과 그의 역사라고 부르는 것은 원천으로의 돌아감 안에서 성령께 맡겨져야 한다.

마리아의 경우가 그랬다. 그녀의 죽음 혹은 '안면'(安眠) 후에, 그녀를 생명으로 불렀으며, 그녀를 하느님 아들의 어머니가 될 수 있게 했으며 그녀 존재의 모든 부분에서 그녀를 고무시키던 성령은 그녀의 존재 전체를 맡아, 신적 생명을 전적이고 완전히, 영원히 살도록 했다. 이것이 바로 상징적인 전통적 언어 안에서 우리가 마리아의 '몽소승천'이라고 부르는 내용이다.

현재와 미래의 마리아

마리아는 예수의 어머니이며 지금 그리고 영원히 우리의 어머니이다. 그녀는 기념할 만한 아름다움을 통해 사람들을 매혹시킨다거나 예외적인 용기로 사람들을 놀라게 한 우리의 역사상에 뚜렷이 나타난 어떤 여인들처럼 훌륭하고 빛나는 업적에 의해 유명하게 되지 않았다. 만약 그녀가 그렇게 유명했다면 그것은 그 누구보다도 하느님으로부터 사랑받았다는 사실 때문이다.

하느님의 그녀에 대한 특별한 총애는 오직 한 가지 이유 때문이다: 즉 하느님은 그녀를 창조했고 당신 아들의 어머니가 되게 하기 위해서 선택했다는 것이다. "이 세상을 극진히 사랑하셔서 외아들을 보내주신(요한 3, 16)" 하느님이 하물며 이 아들을 잉태할 여인을 사랑하지 않을 수 있었겠는가? 우리는 여기서 하느님 존재 자체의 위대한 신비, 우리가 그 희미한 한 줄기 빛만을 볼 뿐이며 요한사가가 "하느님은 사랑이시다(1요한 4, 8. 16)"라는 간결한 말로 표현한 그 신비로 들어간다.

마리아는 여성으로서의 자기의 인간적인 삶 안에서 이 사랑에 내맡겨졌던 것이다. 그녀는 모든 여인이 사랑을 사는 것처럼 사랑을 살았다. 그러나 그 사랑은 비할 데 없이 밀도 있고 심원하며 전적인 사랑이었다. 그녀의 전 존재는 육화의 신비 속에 끌려 들어갔다. 마찬가지로 그녀의 육신도 마지막 때와 예수의 재림을 기다리지 않고 성부의 영광 속으로 들어갔다. 그녀에게는 그리스도는 벌써 왔으며, 완전하게 온 분이었다. 그리스도는 그의 영광 안에 첫 번째로 들어갔으며 마지막 때를 기다리지 않고 그의 어머니도 들어가게 해야만 했다. 마리아는 우선 성삼과의 관계에 의해서 시간의 제약에서 면제받은 것이다. 하느님의 말씀이 때가 되어서 육화했다면 이번에는 그는 시간에 승리하였으며 또한 그의 어머니에게도 그 승리를 주었던 것이다. 스킬레벡스가 말한 것처럼 마리아에게 있어서 "구원은 우리처럼 마지막 때를 기다리지 않고 영혼과 육체를 포함한 그녀의 전 존재에 걸쳐 이루어진다(E. Schillebeeckx, Marie, Mère de la Rédemption, Ed. du Cerf 1963, p.83)."

마리아는 모든 사랑과 빛과 생명의 근원으로 돌아갔다. 그녀는 모든 시간 이전에 자신이 생겨난 그곳 즉, '성부의 품'인 그 거룩한 곳으로 다시 돌아갔다. 마리아를 구세주의 어머니로 볼 때는 바로 이와 같은 본질적 관계의 전망 안에서 보아야 한다. 그녀는 구세주에 의해, 구세주와 함께, 전피조물과 모든 인간이 하느님과 맺는 관계의 핵심에 있다. 그녀는 그녀에게서 육화된 말씀에 의해, 그 말씀과 함께 우리의 첫 조상들의 잘못 이후 하느님 계획의 걸작이 되었다.

마리아를 현양한다는 것은, 찬미의 노래를 부른다거나, 형용사나 수식어를 덧붙이는 것이 아니다. 마리아를 현양한다는 것은 그녀가 성삼의 한가운데서 처음부터 소유하던 영광에 대해 인식하는 것이다. 오늘날 그리스도교 사상 안에서 인간적이고 신적인 이중적 실재로의 육화 신비의 심화는 모든 주의를 구세주 예수께 다시 집중한다는 다행스런 성과를 거두고 있다. 이처럼 그리스도의 신비에 대한 더욱 깊은 이해는 그의 어머니인 마리아의 내적 신비에 대한 가장 정확한 접근으로 이끌어갈 수밖에 없는 것이다.

이 『마리아의 책』 여기저기에서 우리는 동양사상을 참조하는 데 주저하지 않았다. 그것은 아시아의 위대한 철학이나 종교는 내재성에 대한 오래되고 풍부한 전통을 지니고 있기 때문이다. 그들의 연구는 마리아가 "이 모든 일을 마음속 깊이 새겨 오래 간직하면서(루가 2, 19)" 자기 고유의 신비 위에서 일생에 걸쳐 행한 근원으로의 돌아감을 우리가 따르는 데에 도움이 된다.

그녀 안에서의 이 돌아감은 불안한 심리적 탐구나 자기 자신에 대한 만족과는 전혀 상관이 없는 것이다. 그녀는 하느님의 깊은 심연과 그 자신의 깊은 심연의 극한을 그녀에게 열어 보여준 진실한 내적 성숙의 삶을 살아간 분이기 때문이다.

동시에 이와 같은 내적 생활태도는 그녀로 하여금 그녀를 둘러싸고 있는 모든 이와 전 인류에 대해 깊은 관심을 갖게 하였다. 결코 어떤 여인도 그녀만큼 자신의 내적 생활에 충실하면서 동시에 다른 이들에게 개방적이지는 못했다.

마리아가 놀랄 만큼 자신에 대해 확신하고 있으며 하느님에게 전적으로 열려 있고 인간들에게 깊은 관심을 가진 인격의 완벽한 본보기가 된 것은 하느님이 그녀에게 베푼 예외적인 은총이다.

과거에 그러했던 이것은 현재에도 실현되면서 미래를 기다리고 있는 것이다. 마리아는 하느님의 어머니이며 우리 인류의 어머니이며 영원히 그러할 것이다.

LE LIVRE DE MARIE

Yves RAGUIN, s.j.

Introduction

Le **Livre de Marie** ne sera pas un bien gros livre car il ne faut pas trop bavarder au sujet de celle qui n'a presque pas parlé et dont nous savons peu de choses. Il ne faut pourtant pas essayer de combler les vides par des rêveries. Mais nous en savons assez pour écrire des choses vraies qui aideront à la mieux faire connaître et aimer.

Dieu lui−même a été le premier à parler à Marie en lui faisant savoir qu'elle était ≪*pleine de grâce*≫(Lc 1, 28), c'est−à−dire toute aimée de lui. Les quelques mots que l'ange lui adressa de sa part ont fait couler plus d'encre que toutes les paroles jamais dites à un être humain, car Marie est la seule personne au monde à qui Dieu ait ainsi parlé.

Dieu n'est pas bavard. Quand il a dit ce qu'il avait à dire, il se tait. Après avoir fait passer son message à Marie, il s'est tu, mais il a fait parler Elisabeth. A la parole d'Elisabeth, Marie a réagi en exaltant son Dieu: ≪*Mon âme exalte le Seigneur et mon esprit est rempli d'allé −gresse à cause de Dieu, mon Sauveur, parce qu'il a porté son regard sur son humble servante. Oui, désormais toutes les nations me proclameront bienheu- reuse, parce que le Tout −Puissant a fait pour moi de grandes choses*≫ (Lc 1, 47−49).

Si j'écris ces pages sur Marie, c'est pour la proclamer bienheureuse, après tant d'autres qui l'ont fait avant moi. Mais je voudrais la proclamer bienheureuse au nom des hommes et des femmes de notre temps qui l'admirent et qui l'aiment. Chaque époque a vu Marie sous un aspect nouveau de son mystère. Certaines époques l'ont exaltée au point d'en faire je ne sais quelle ≪déesse≫ douée de pouvoirs merveilleux. De là est née une dévotion excessive dans ses manifestations. C'est, je pense, une des raisons pour lesquelles, depuis plusieurs années, on s'est montré plutôt discret sur Marie. Sans doute fallait—il ≪démythiser≫ ce personnage éthéré qu'ici ou là on avait fait d'elle. Mais, maintenant, le temps est revenu de parler d'elle. Le silence a été assez long pour que nous puissions en parler librement, en la regardant comme ce qu'elle est: la femme la plus aimée de Dieu.

L'histoire de Marie va de pair avec celle de son Fils. La nouvelle sensibilisation acttuelle à l'humanité du Christ ne peut qu'être suivie d'une redécouverte de l'humanité de Marie. Ce **Livre de Marie** essaiera donc simplement de saisir le mystère de cette femme, qui demeure essentiellement femme, et point une déesse, tout en deve—nant ≪Mère de Dieu≫, parce que mère du Seigneur Jésus.

Marie est à contempler dans la perspective de l'Incarnation du Verbe de Dieu. Toute sa grandeur est là. Si nous parlons de Marie comme d'un être surhumain, l'Incarnation perd son sens. Ainsi, tous les efforts faits depuis des décades pour découvrir le Verbe de Dieu dans son humanité vont maintenant porter leurs fruits dans l'intelligence du mystère de Marie. Le Fils et la Mère s'éclairent mutuellement, tout comme le Fils et son Père. Personne ne connaît mieux Marie que son

Fils Jésus et personne ne connaît mieux Jésus que sa mère.

C'est le Père qui a instruit Marie de son propre mystère et de celui de son Fils. Elle est toute silencieuse devant le Père, silencieuse sous l'action de l'Esprit, silencieuse dans sa maternité. Si elle a peu parlé, c'est que sa ≪parole≫, c'est la parole du Père. Sa parole, ce qu'elle veut nous dire, c'est donc son Fils. elle nous redit simplement ce qu'elle a dit aux serviteurs à Cana: ≪*Quoi qu'il vous dise, faites −le*≫ (Jn 2, 5). C'est la dernière parole de Marie dans l'Evangile. Marie n'a rien d'autre à dire que ce que Jésus lui−même va dire. Sa parole pour toujours, c'est la Parole même du Père.

Pendant des années, et après avoir écrit **Le Christ et son Mystère**[1], j'ai médité d'écrire ce **Livre de Marie**. Il a commencé à prendre corps en moi le 8 décembre 1977. J'étais sur la colline de Ching−shan(la Montagne de la quiétude), à Changhua(Taïwan), quand tout d'un coup a surgi dans mon esprit cette simple phrase: ≪C'est parce que Marie n'est pas sortie de sa nature originelle qu'elle a pu concevoir le Verbe de Dieu.≫ Aussitôt après avoir eu cette intuition, j'ai écrit les premiers chapitres. Les autres l'ont été en octobre 1980, sur cette même colline de Ching−shan. C'est aux amis et amies qui m'ont, à maintes reprises, fait part de la manière dont ils entrevoyaient le mystère de Marie que je dédie ce petit livre.

Taipei, le 5 avril 1982.

---

1) Yves RAGUIN, s.j. **Le Christ et son Mystère**. Supplément à *Vie Chrétienne*, n° 227. Disponible à la Revue.

Première partie

L'émerveillement de Marie

≪*Sois sans crainte, Marie, car tu as trouvé grâce auprès de Dieu*≫
(Lc 1, 30).

1. MARIE N'EST PAS SORTIE DE SA NATURE ORIGINELLE

Marie n'est pas sortie de la pureté de sa nature originelle, c'est pourquoi elle a pu concevoir le Verbe de Dieu en sa nature humaine. En elle, par une marque toute spéciale d'amour du Seigneur, l'image primordiale de Dieu est demeurée intacte. Seule, parmi toutes les créatures, elle a reçu cette faveur, en prévision d'une autre encore plus extraordinaire: la grâce de devenir la Mère du Verbe incarné. Tel est le mystère essentiel de Marie la tant aimée de Dieu.

Adam et Eve ayant cédé à la séduction du Démon sont sortis de la pureté de leur nature originelle. Marie, au contraire, n'en est jamais sortie, elle n'a jamais été séduite, ni par le Démon, ni par le monde, ni par elle−même. C'est ce que nous voulons dire quand nous la proclamons ≪immaculée≫. Le Comment de cette grâce nous échappe mais nous y croyons.

Marie est toute pure en sa nature première, telle qu'elle est sortie du coeur de Dieu: l'Esprit de Dieu s'y écoule en toute liberté. En Marie la source de vie qui vient de Dieu est toujours limpide, rien ne s'y mêle qui la trouble.

Si limpide qu'elle ne le sait même pas. Si elle le sait, c'est comme ne le sachant pas. Comment la source peut—elle voir sa limpidité? Comment la lumière peut—elle se voir lumière? Point n'est besoin pour Marie de faire grand effort pour saisir qu'elle vient de Dieu. Ce qui est si dur pour nous est pour Marie tout simple, et tout naturel puisqu'elle n'est pas sortie de sa nature originelle.

Quand l'ange se présente, Marie ne semble pas craindre. Mais quand il la salue en disant: *≪Sois joyeuse, toi qui as la faveur de Dieu, le Seigneur est avec toi≫*(Lc 1, 28), Marie se demande ce que cela veut dire. *≪A ces mots, elle fut très troublée≫*(Lc 1, 29). Si elle est très troublée, c'est qu'elle ne s'attendait vraiment pas à une telle salutation qui lui fait soudain prendre conscience qu'elle est aimée de Dieu d'une manière toute particulière. C'est cela qui la trouble. Jamais elle n'aurait osé imaginer une chose pareille.

Si l'ange lui dit d'être sans crainte, c'est bien parce qu'elle a été un instant troublée. L'ange la rassure en lui répétant en d'autres termes ce qu'il lui a déjà dit: *≪Sois sans crainte, Marie, car tu as trouvé grâce auprès de Dieu≫*(Lc 1, 30). Marie n'est pas la première personne dans l'histoire humaine à trouver grâce devant Dieu, mais elle a trouvé grâce devant Dieu d'une manière absolument unique.

Pendant qu'elle écoute ces paroles, une lumière intérieure la pénètre et l'éclaire. Déjà l'Esprit agit en elle pour lui faire comprendre le sens de ces paroles qui lui sont dites de la part de Dieu. Soudain elle prend conscience de leur profondeur. Elle voit que tout cela est vrai. Ce n'est pas elle qui la découvre, c'est sa propre plénitude de grâce qui se manifeste à elle. Comme dans un éclair jailli du fond d'elle−même, elle se saisit ≪*pleine de grâce*≫, ≪*aimée de Dieu*≫. Elle le croit, sur la parole de l'ange et, immédiatement, cela devient une expérience. Marie se voit, se sait et s'aime ≪*toute aimée de Dieu*≫.

C'est pour elle la première grande illumination de son existence. Alors que tout autre être humain se saisit pécheur, Marie, elle, se voit sans péché. C'est un ≪éveil≫ à la réalité de son être le plus profond, un éveil à la profondeur de sa relation à Dieu. Vraiment, l'ange peut lui dire: ≪*Sois joyeuse, Marie.*≫

Non, bien sûr, qu'elle ait commencé à être aimée de Dieu à ce moment−là. Il en a toujours été ainsi. Avant qu'elle ne fût née, avant sa conception, depuis toujours, Dieu l'aime[1]. Merveilleux retour sur elle −même, saisie merveilleuse de soi, dans la lumière de Dieu. Joie immense de se savoir ainsi, dès l'origine, dans son être de femme, fille chérie du Père et qui va devenir la mère de son Fils.

---

1) Cf. chapitre 8, page 20.

2. ≪COMMENT CELA SE FERA −T−IL?≫
(Lc 1, 34)

Aussitôt après l'avoir saluée et rassurée sur le sens de sa salutation, l'ange reprend: ≪*Voici que tu vas être enceinte, tu enfanteras un fils et tu lui donneras le nom de Jésus. Il sera grand et sera appelé fils du Très Haut. Le Seigneur lui donnera le trône de David son père; il régnera pour toujours sur la famille de Jacob et son règne n'aura pas de fin*≫(Lc 1, 31−33).

Marie comprend que cette annonce va se réaliser dans l'instant même. C'est pourquoi elle demande simplement: ≪*Comment cela se fera −t −il puisque je ne connais point d'homme?*≫(Lc 1, 34), faisant simplement remarquer qu'elle n'a pas de relations conjugales avec Joseph à qui elle est promise en mariage. On peut interpréter sa réponse comme une décision de demeurer vierge dans le mariage, mais pour le moment, nous pouvons nous contenter de l'affirmation du fait: ≪Je n'ai pas de relations conjugales avec un homme.≫

A la question toute factuelle de Marie, l'ange répond d'une manière tout aussi factuelle: ≪*L'Esprit Saint viendra sur toi et la puissance du Très Haut te couvrira de son ombre; c'est pourquoi celui qui va naître sera saint et sera appelé Fils de Dieu*≫(Lc 1, 35). Rien de superflu dans ce langage, rien d'un langage amoureux qui retourne le coeur, mais la simple annonce faite à Marie, de la part de Dieu, de ce qui va s'accomplir en elle.

Maintenant que Marie a fait l'expérience, au plus profond d'elle — même, qu'elle est aimée de Dieu, tout est simple. Elle va concevoir d'une manière insolite, mais par une action particulière de Dieu qui maintenant lui paraît comme allant de soi. Du côté de Dieu, c'est l'expression d'une puissance qui se manifeste sans action théâtrale; du côté de Marie, ni extase ni pâmoison. Tout dans cette rencontre est d'une simplicité qui déconcerte. Pour Marie tout semble aussi simple que pour Dieu, maintenant qu'elle a saisi à quelle profondeur elle est aimée.

Marie est vierge. Elle vient de le redire à l'ange. C'est pourquoi Luc introduit le récit de l'Annonciation par ces mots: ≪*Le sixième mois* (après la manifestation de l'ange à Zacharie), *l'ange Gabriel fut envoyé par Dieu dans une ville de Galilée du nom de Nazareth, à une jeune fille accordée en mariage à un homme nommé Joseph, de la famille de David; cette jeune fille s'appelait Marie*≫(Lc 1, 26 — 27). Tout est dit en fonction de la réalité: Marie est vierge. Elle ne l'est pas principalement parce qu'elle ne connaît pas d'homme, mais parce qu'elle ≪connaît≫ Dieu et que Dieu la ≪connaît≫ d'une façon telle qu'elle ne peut qu'être Vierge pour toujours.

C'est la qualité unique de cette relation au Père par la vertu de l'Esprit Saint qui la fait ≪toujours vierge≫. Marie est unie au Père, source de toute vie, par des liens tellement uniques qu'il est difficile de concevoir comment elle aurait pu ne pas demeurer vierge dans son mariage. On peut dire que son acte de totale disponibilité à Dieu postule en quelque sorte que Marie soit vierge pour toujours.

Marie maintenant n'a pas besoin de preuve autre que celle que l'Esprit Saint lui donne au plus intime d'elle−même. Cependant, pour la rassurer et pour lui faire savoir à qui aller si elle veut parler à quelqu'un de ce qui lui arrive, l'ange ajoute comme en passant: ≪*Et voici qu'Elisabeth, ta parente, elle aussi est enceinte d'un fils dans sa vieillesse et elle en est à son sixième mois, elle qu'on appelait la stérile, car rien n'est impossible à Dieu*≫(Lc 1, 36−37). Marie n'avait pas besoin de ce témoignage pour l'aider à croire à la parole de l'ange. Cependant, elle partira immédiatement voir sa cousine⋯⋯Elle avait quelqu'un à qui parler. Il n'était pas question d'en dire un mot à Joseph.

Marie a pris conscience de l'amour de Dieu pour elle et de sa propre pureté originelle. Elle peut alors dire, sans faire de façons, sans jouer à l'humilité, mais dans un acte de totale soumission d'amour à l'amour de son Dieu: ≪*Je suis la servante du Seigneur. Que tout se passe comme tu l'as dit!*≫ Elle donne ainsi son accord à cet acte de Dieu en elle qui va la faire la mère de son Fils. Le grand mystère est accompli⋯⋯ ≪*Et l'ange la quitta*≫(Lc 1, 38).

3. LA DOUBLE IMAGE

Quand l'ange explique à Marie ce que sera son Fils, il emploie des termes qui sont familiers à tous les Israélites qui connaissent leur tradition religieuse. L'important ici n'est pas de savoir si et comment le dialogue a été imaginé par l'évangéliste — Dieu ne parle pas en paroles humaines — mais de recevoir le message que le dialogue veut nous faire saisir: la réalité que Dieu lui—même a voulu faire comprendre à Marie dépasse infiniment les mots que Luc a transcrits pour nous la révéler.

A la question de Marie: *≪Comment cela se fera —t —il puisque je suis vierge?≫*, c'est—à—dire, puisque je n'ai pas de relations conjugales avec un homme, l'ange répond en lui expliquant comment elle va concevoir. L'enfant qui naîtra d'elle ne sera pas le fils de Joseph; il sera conçu par l'action spéciale de l'Esprit Saint qui est la puissance même de Dieu agissant dans la création. C'est de l'Esprit Saint, souffle primordial de Dieu, que Marie va concevoir. C'est pourquoi cet enfant sera ≪*saint*≫ et sera appelé ≪*Fils de Dieu*≫ ······Fils de Dieu d'une manière toute particulière. C'est ce que l'évangéliste veut nous faire comprendre.

On trouve parfois exprimée l'opinion que Jésus pourrait très bien être fils de Joseph, dans l'ordre d'une conception humaine, et Fils de Dieu d'une manière toute particulière par une action spéciale de l'Esprit Saint. En soi, cela serait possible, puisque ≪*rien n'est impossible à Dieu*≫. Mais ce n'est certainement pas ce que le récit évangélique veut nous faire entendre. Par fidélité au texte et à l'intention de l'auteur, il est plus loyal de prendre le message dans toute sa violence. Jésus a été conçu d'une manière unique et si tout être humain est ≪enfant de Dieu≫, Jésus l'est d'une manière absolue. Là est la puissance du message.

Il ne faut pas s'en étonner. Dans toutes les religions du monde, au plus profond de la nature humaine, dort le désir de découvrir que l'on est, non seulement d'origine divine, mais Dieu lui−même. C'est là l'un des archétypes essentiels enfouis au fond de notre être. Pourquoi dès lors ne pas nous réjouir de rencontrer sur notre chemin quelqu'un qui pourra un jour nous dire: ≪Ce que vous rêvez d'être, je le suis.≫ En Jésus, le rêve de l'humanité entière se réalise······Ce fait extraordinaire a pour nous des conséquences inouïes, mais véritables: en Jésus, nous devenons ce qu'il est, des fils uniques et bien−aimés du Père. Telle est la première image: le Fils de Dieu.

Mais l'ange présente une autre image: ≪*Le Seigneur Dieu lui donnera le trône de David son père; il régnera pour toujours sur la famille de Jacob, et son règne n'aura pas de fin*≫(Lc 1, 33). L'enfant est maintenant présenté dans sa filiation humaine. Marie, tout comme Joseph, devait être de la maison de David. L'enfant régnera pour toujours sur la ≪*famille de Jacob*≫. Là est l'important. L'enfant qui va naître de Marie est l'héritier de toute la tradition humaine et spirituelle d'Israël.

Cette seconde image était aussi indispensable que la première pour aider Marie à comprendre ce que serait son Fils. Peut‒être at‒elle vu défiler dans son esprit des souvenirs de grandeur. Cela n'est pas impossible, puisqu'elle savait que son enfant serait grand······Mais elle avait néanmoins du mal à réaliser ce que serait son enfant. Elle se tenait toute attentive à ce qu'elle percevait du message.

Ces deux images lui étaient nécessaires pour pouvoir concevoir son fils dans son esprit et dans son coeur avant de le concevoir dans sa chair.

Ce Fils de Dieu serait vraiment homme, un fils d'Abraham, un enfant d'Israël, son fils à elle. Elle lui façonnerait un corps, comme toute autre mère le fait pour son enfant. En elle allait se réaliser ce mystère étonnant qui fera dire à Paul: ≪*Quand est venu l'accomplissement du temps, Dieu a envoyé son Fils, né d'une femme et assujetti à la loi*≫(Gal 4, 4)······Et si Paul peut affirmer à ses chrétiens: ≪*Fils, vous l'êtes bien: Dieu a envoyé dans nos coeurs l'Esprit de son Fils, qui crie: Abba······Père*≫(Gal 4, 6), combien plus Jésus qui a été conçu par ce même Esprit! Ce que nous sommes par grâce, enfants de Dieu, il l'est par essence et par nature.

4. CE QUE DIEU A FAIT DE MARIE

Nous savons, nous ne savons que trop, ce qu'une certaine dévotion chrétienne a fait de Marie, mais nous ne portons pas assez d'attention à ce que Dieu a fait d'elle. Or là est l'essentiel. Des générations et des générations ont essayé de savoir ce que Dieu a fait par elle, comment il a témoigné, par Marie, son amour à l'humanité entière et plus spécialement à ceux qui croient en son Fils. Mais nous n'avons peut−être pas assez porté attention à ce que Dieu a fait de Marie. Je sais que c'est un mystère que nous n'arriverons jamais à sonder. Mais nous pouvons au moins nous asseoir sur la margelle du puits et contempler sur la surface miroitante le reflet du ciel.

Ce mystère a été accompli au plus profond de l'être de Marie. Cela suffit à le rendre inaccessible et, par ailleurs, ce que Dieu a fait d'elle est un acte de Dieu qui nous dépasse encore plus. Mais Marie est toujours un être humain. C'est pourquoi, en regardant alternativement au plus profond de notre être et au plus profond du sien, nous pouvons entrevoir quelques lueurs. Dieu a fait en Marie de grandes choses. En nous aussi il a fait de grandes choses. Moins grandes que celles qu'il a faites en Marie, sans doute, mais tout de même, de son action en nous, nous pouvons soupçonner un peu son action en elle.

Nous touchons ici à un des problèmes fondamentaux de la connaissance humaine. Il nous faut faire de grands efforts pour arriver à nous connaître nous‑mêmes······et encore nous restons au bord de l'abîme. Pourtant il arrive que Dieu nous donne, dans une intuition immédiate, de saisir ce qu'il a fait de nous en nous créant.

Dans sa lumière, tout à coup, notre regard intérieur plonge au plus profond de notre être, au centre de celui‑ci, et nous savons que nous sommes faits à son image. Dieu nous a faits ≪*à son image et à sa ressemblance*≫(Gn 1, 26). C'est ce qu'il a fait de nous······Heureux si Dieu lui‑même nous donne, dans sa lumière, d'en faire l'expérience. C'est une expérience qui nous comble au‑delà de toute espérance, car nous la faisons dans les limites de notre être de chair······

Or Marie, à la parole de l'ange, a perçu dans la lumière d'un instant ce que Dieu avait fait d'elle: une ≪*image*≫ aussi parfaite de lui‑même qu'un être humain peut l'être. En un instant, elle fut attirée en son centre, au plus profond d'elle‑même, là où Dieu l'a faite ce qu'elle est. Dieu n'a pas fait de Marie un être surhumain, mais l'être humain parfait, l'être humain absolument vrai, bien plus parfait que ne pouvaient l'être Adam et Eve quand ils sortirent de la main de Dieu.

Toutes les mystiques du monde ont cherché à réaliser cet ≪homme parfait≫, cet ≪homme vrai≫, en retournant à la nature originelle. Marie n'avait pas à être refaite, elle n'avait pas à faire effort pour reconstruire en elle cet état de perfection. Elle était depuis toujours la ≪vraie créature≫, la ≪vraie femme≫.

Dans le Taoïsme, le plus haut degré de perfection n'est pas celui du ≪saint≫, mais celui de ≪l'homme véritable≫ qui a retrouvé son identité fondamentale. Marie était parfaite dans l'ordre humain. Ainsi Dieu l'avait faite, ainsi est−elle demeurée. Il fallait simplement que Dieu, par l'intermédiaire de l'ange, lui en fasse prendre conscience. La rencontre avec Elisabeth lui en fit prendre conscience encore plus profondément et elle exulta de joie en Dieu son Sauveur.

Dieu a d'abord fait d'elle la créature parfaite qui pourra devenir la mère de son Fils. Femme parfaite par grâce spéciale, merveilleuse non parce que surhumaine, mais simplement parce que toute humaine et parfaitement vraie.

La grâce dont elle est ≪remplie≫ ne la met pas au−dessus de la condition humaine, mais agit au travers de toutes les fibres de sa nature humaine. Ce n'est pas un manteau qui la recouvre, mais un amour qui pénètre tout son être, pour qu'elle puisse concevoir le Fils du Père.

Tout ceci est une autre manière de dire qu'elle est ≪immaculée≫ et que le péché n'a pas effleuré un instant son être intime. En ce sens, elle est bien différente de nous qui savons par expérience ce qu'est le péché. Ce que Dieu avait fait de nous: des images vivantes de lui−même, nous l'avons gâché au point de croire que c'est Dieu qui nous a faits méchants. Non!, nous savons, en regardant Marie, que Dieu, à l'origine, nous avait créés sans péché. Le péché est entré dans le coeur de l'homme par l'usage mauvais qu'il fait du libre vouloir que Dieu lui a donné. En regardant ce que Dieu a fait de Marie, nous pouvons entrevoir ce qu'était l'humanité avant qu'elle n'ait dit oui au ≪serpent ≫ au lieu de dire, comme Marie, un oui total et absolu à Dieu.

5. LA MÈRE DU SEIGNEUR

Quand Marie eut salué Elisabeth, l'enfant que celle−ci portait exulta dans le sein de sa mère et Elisabeth s'écria: ≪*Comment m'estil donné que vienne à moi la mère de mon Seigneur?*≫(Lc 1, 43). Ce que le Seigneur a fait de Marie? Il en a fait sa mère, vraiment sa mère! Ce n'est pas simplement que Dieu a rendu Marie capable de concevoir un enfant qui serait son Fils à lui. Marie est vraiment sa mère. C'est de cela que Dieu l'a rendue capable.

Marie est impliquée dans cette conception et dans cette génération du Verbe de Dieu avec tout ce qu'elle est. Ce que je veux dire, c'est qu'il ne faut pas simplement considérer ce que Dieu a fait par elle, ce dont il l'a rendue capable comme si elle n'était qu'un simple instrument. Il faut d'abord voir ce qu'elle est. Dieu a fait d'elle vraiment sa mère et la relation de Marie avec Dieu est celle d'une épouse à son époux.

Quand Dieu a créé l'homme, il a déjà engagé sa propre vie dans l'existence humaine. Mais maintenant cet engagement est bien plus grand encore. Lors de la création, il s'est engagé dans cette existence spatiale, charnelle et temporelle, en tant qu'image de lui−même. Cette fois—ci, il s'engage lui—même d'une manière totale et absolue. C'est le Seigneur de toutes choses, ≪*le Roi de gloire*≫(Ps (23), 7), qui, par la médiation de Marie, va vivre une vie d'homme.

En une phrase, Jean a exprimé ce nouvel engagement de Dieu dans une existence humaine: ≪*Et le Verbe fut chair et il a habité parmi nous*≫(Jn 1, 14). Et la foi chrétienne a alors créé un mot qui réponde à cette nouveauté: l'Incarnation. C'est à cause de la réalité de cette Incarnation que Marie est dite ≪Mère de Dieu≫.

Celui que nous appelons le Verbe de Dieu, parfaite expression du Père, celui dont Jean nous dit qu'il ≪*était au commencement*≫, qu'il était ≪*tourné vers Dieu*≫ et qu'il ≪*était Dieu*≫(Jn 1, 1), c'est lui qui ≪*prend chair*≫ dans le sein de la Vierge Marie. Tout cela est dans la logique des choses. Si ≪*tout fut par lui*≫, s'il est depuis toujours ≪*la vie*≫ de toutes choses et ≪*la lumière des hommes*≫, il ne nous paraît, plus impossible qu'il fasse un pas de plus pour se faire homme.

Nous touchons là au mystère de la relation de Dieu Seigneur de toutes choses avec l'homme sa créature. Dans l'Incarnation, Dieu s'engage à l'égard de l'homme dans une nouvelle relation qui est relation d'amour. La clé de ce mystère est donnée par le Christ lui—même, quand il a dit à Nicodème: ≪*Dieu, en effet, a tant aimé le monde qu'il a donné son Fils, son unique, pour que tout homme qui croit en lui ne périsse pas mais ait la vie éternelle*≫(Jn 3, 16).

Quand on regarde le progrès de l'engagement de Dieu dans la vie du monde, on peut constater trois étapes. La première est exprimée par

Jean quand il écrit du Verbe de Dieu: ≪*Tout fut par lui, et rien de ce qui fut ne fut sans lui*≫(Jn 1, 3). Ce genre de relation de l'Absolu et du Créateur avec la créature, nous le retrouvons dans toutes les religions et dans toutes les doctrines de prière.

La seconde est exprimée par ces paroles: ≪*En lui était la vie et la vie était la lumière des hommes*……≫(Jn 1, 4). Cette seconde étape, nous la trouvons réalisée et perçue dans la plupart des religions et des écoles spirituelles. Ainsi nous trouvons dans le Taoïsme philoso—phique et mystique la notion qui nous est tellement familière de la ≪lumière de vie≫. Un grand nombre de doctrines spirituelles de contemplation s'arrêtent à ce niveau de la lumière. Le fruit ultime de la contemplation est alors une illumination et une entrée dans la lumière inaccessible……

Mais par l'Incarnation, le Seigneur s'engage avec sa créature dans une relation beaucoup plus intime: au—delà de la *vie* et de la *lumière*, il crée avec l'homme une relation d'*amour*. Nous avons ainsi les trois étapes de l'engagement divin. Il est Dieu de vie, Dieu de lumière et finalement Dieu d'amour.

Certaines religions connaissent cette relation d'amour, mais pas toutes. Sur ce point, le Christianisme a fait faire à l'expérience religieuse de l'humanité un pas décisif. Qu'il soit Vie et Lumière, passe encore, mais qu'il soit Amour et qu'il puisse aimer sa créature, cela nous dépasse……! Et pourtant tel est le coeur du message du Christ.

La première touche de ce message est tombée de la bouche de l'ange parlant de la part de Dieu: ≪*Sois joyeuse, toi qui as la faveur de Dieu, le Seigneur est avec toi*≫(Lc 1, 28). Ce message qui, comme la suite le montre, est un message d'amour qui prépare l'union d'amour de Dieu avec sa créature, le Christ va le répéter sans fin, pour nous inviter à aimer le Père et à recevoir son amour comme lui-même aime son Père et reçoit son amour.

6. LA PLÉNITUDE DES TEMPS

Marie était inconnue des autres et d'elle‑même quand l'ange vint la rencontrer. En cette rencontre qui tient si peu d'espace dans l'histoire du monde, le temps et l'éternité se rejoignent. C'est le moment le plus important de l'histoire de l'humanité et de l'univers, c'est un seuil comme il n'en fut jamais d'autre. Dieu va faire un pas étonnant, un pas qui vraiment nous dépasse. Déjà, en insufflant son esprit dans l'homme au temps de la création, Dieu avait fait une démarche merveilleuse; maintenant, il s'engage non seulement dans l'histoire des hommes, mais dans la condition humaine elle‑même.

Pourquoi l'a‑t‑il fait à ce moment‑là, en ce lieu‑là, en envoyant un messager à cette jeune fille‑là, qui s'appelait Marie? Nous n'aurons jamais la réponse. Tout cela nous apparaît comme faisant partie d'une démarche dont nous ne voyons ici‑bas que les empreintes et rien de plus. L'empreinte des pas de Dieu sur notre sol, qui aurait jamais pu penser que cela devienne une réalité? Dans bien des religions, la croyance est profonde à la venue des dieux qui laissent les traces de leurs pas. Mais ici, cette figure devient une réalité que nous n'aurions jamais pu imaginer.

Pourtant il est certain que Dieu a fait une démarche. Je sais qu'il y a des exégètes que cette apparition d'ange gêne un peu. Par‑delà le symbole et l'imagerie dont nous ne pouvons nous passer, voyons donc la réalité: Dieu est venu vers Marie. Pourquoi à Nazareth? Pourquoi en ce temps—là? Pourquoi à cette jeune fille? Laissons là ces pourquoi et ces comment qui nous dépassent. Acceptons le fait qui seul finalement importe. Tout cela est l'expression d'un insondable dessein où se révèle pour nous la merveilleuse gratuité des actes de Dieu.

Saint Paul a qualifié ce moment de l'histoire d' ≪*accomplissement du temps*≫(Gal 4, 4). Le temps a fait son oeuvre et l'humanité est prête pour cette démarche de Dieu que nous appelons l'Incarnation. ≪*Et nous*, de même, dit Paul, *quand nous étions des enfants soumis aux éléments du monde, nous étions esclaves. Mais, quand est venu l'accomplissement du temps, Dieu a envoyé son Fils, né d'une femme et assujetti à la loi, pour payer la libération de ceux qui sont assujettis à la loi, pour qu'il nous soit donné d'être fils adoptifs*≫(Gal 4, 3—5).

Dieu accepte, pour se manifester, le rythme de l'histoire humaine. Le Christ lui—même entrera dans cette dynamique du temps. Lui—même aura son ≪*heure*≫ qu'il attendra sans rien presser, jusqu'à ce point de convergence du vouloir divin et de l'histoire humaine. Le Christ, tout Fils de Dieu qu'il était, a accepté de vivre ce long cheminement, qui par la souffrance et la joie, l'a ≪*conduit jusqu'à son propre accomplissement*≫(Heb 5, 9)[1].

Or il ne s'agit pas simplement d'une coïncidence du ≪temps≫ de Dieu et de celui de l'humanité, il s'agit surtout de l'achèvement d'une longue évolution humaine. Il fallait attendre que l'humanité ait produit une femme telle qu'elle puisse être la Mère de son Fils. Il est vrai

---

1) Cf. chapitre 26, page 59.

qu'elle était immaculée, qu'elle était aimée de Dieu. Mais il lui fallait avoir atteint ce que je ne puis exprimer autrement que par une extraordinaire qualité d'être. Et il fallait que Dieu lui−même l'attendît.

En étudiant l'histoire de l'humanité, nous voyons qu'il s'est fait peu à peu un progrès intérieur. Il y a des natures rudes, et des natures riches de toutes les qualités; Marie était l'une de ces âmes, l'un de ces êtres d'exception. Et elle le fut à un point exceptionnel. Ceci ne se laisse pas imaginer, car elle seule se connaît comme elle est; nous ne pouvons que l'affirmer dans la foi.

Il a fallu du temps à l'humanité pour produire Marie. Elle est l'aboutissement de ce long cheminement de l'homme pour réaliser ce que Dieu a voulu faire de lui[2].

C'est la joie de notre humanité, si misérable par bien des côtés, d'avoir produit cette femme qui est vraiment de notre race et qui a, par la grâce de Dieu il est vrai, réalisé la perfection de l'être humain. Combien de millions d'années a−t−il fallu à la création pour produire Marie? Nous ne le saurons jamais. Nous savons simplement qu'un jour est venu, jour où un ange de Dieu a pu dire à une jeune fille: ≪*Tues l'aimée de Dieu.*≫

---

2) Dans la pensée taoïste, nous percevons cet effort des chercheurs d'absolu. A chacun des différents degrés de sainteté, on attribue des qualités de plus en plus étonnantes. Mais le suprême degré est celui de l'être humain arrivé à l'extrême de sa perfection. Or cet être parfait est défini comme ≪l'homme véritable≫, ≪l'être humain parfaitement vrai≫ à sa nature. D'après la philosophie taoïste, le ≪*chih −jen*≫ est celui qui a atteint la perfection, qui est arrivé au summum de son humanité. Le ≪*chen −jen*≫ est ≪l'homme véritable≫, ≪l'homme vrai≫ qui réalise la vérité de son humanité. Il est remarquable que la perfection ne soit pas perçue comme le passage à ce que nous appellerions une perfection ≪sur−naturelle≫. Mais cependant, cette perfection n'est réalisable que par l'action au plus profond de l'être humain du ≪Tao≫ absolu et transcendant……

7. MARIE ET LA TRINITÉ

Il n'est donc pas nécessaire de faire de Marie une sorte de déesse pour la grandir. Il suffit de la regarder à la profondeur à laquelle Dieu lui‑même l'a regardée. Dieu a tourné vers elle son regard et il l'a vue toute belle, par la grâce de son amour, toute belle en elle‑même. Cette beauté qui était la sienne, Dieu l'a donnée à Marie pour qu'elle soit sa beauté, sa grâce à elle. Autrement, comment pourrait‑il l'aimer ainsi?

Pour la rendre plus belle, il l'a rendue plus semblable à lui, mais sans pour autant la sortir de sa condition humaine. La splendeur de l'homme, c'est la splendeur de Dieu. Plus l'homme plonge en Dieu ses racines, plus il devient semblable à Dieu, sans cesser d'être humble créature sortie de ses mains. Tel est le mystère de Marie, le mystère écrit dans le *Livre de Marie*, qui est simplement sa vie.

Si Marie a pu concevoir le Fils du Père dans son être de femme, c'est qu'elle était «capable» de recevoir la «semence» divine. En parlant ainsi, nous sommes en plein dans la tradition patristique. Dans tout être humain, l'Esprit a déjà déposé une «semence» divine qui fait que tout être humain est enfant de Dieu. Mais dans le cas de Marie, cette «semence» divine est unique: l'Esprit Saint, dans une opération absolument particulière et personnelle, «féconde» Marie, qui devient ainsi épouse du Père et mère de son Fils unique. L'enfant conçu par la puissance de l'Esprit, c'est la Parole, le Verbe, l'Image parfaite du Père.

Marie a conçu son Fils dans son coeur, dans son esprit, dans sa foi, avant de le concevoir dans sa chair. Elle l'a conçu dans son vouloir le plus profond, quand elle a dit oui à la proposition que lui faisait le Père.

Il fallait qu'en Marie la conception se réalise à cette profondeur, là où elle était toute unie à son Dieu. Cette conception dans son «esprit» ne peut se réaliser que parce que Marie, devant son Dieu, est toute vide d'elle−même. Elle est toute attente de l'action divine, toute réceptivité à l'Esprit, toute à la disposition de celui qui va accomplir en elle un mystère qui la dépasse infiniment et qui pourtant devient son mystère à elle. Autrement, elle ne serait pas vraiment la Mère du Fils de Dieu.

L'enfant que Marie vient de concevoir n'est pas une image ordinaire de Dieu. Il est, comme le dit saint Paul, «*l'image du Dieu invisible, premier −né de toute créature, car en lui tout a été créé, dans les cieux et sur la terre·····*»(Col, 1, 15−16). Par un destin tout à fait unique, ce sein que Dieu a fait devient le sein dans lequel son Verbe est conçu. Celui qui embrasse toutes choses est maintenant enfermé dans le sein de cette femme, une entre les milliards de femmes qui ont jamais existé et existeront jamais. Celui qui est la vie de toutes choses reçoit maintenant la vie de celle à qui il l'a donnée. Extraordinaire mystère d'inversion de l'action divine dans l'histoire humaine.

Tout ce qui s'accomplit ainsi en Marie est le fruit d'une action de

Dieu hors du commun. Or cette action n'est possible que parce que Marie était déjà naturellement, si je puis ainsi parler, préparée à la recevoir. L'image en elle de la Trinité était aussi parfaite qu'il est possible dans un être humain. Un simple mais tout spécial geste de Dieu vers elle, et Marie est maintenant introduite dans l'intimité divine. Bien sûr, elle ne vit pas encore en pleine conscience le mystère de la vie au sein de Dieu. Cela viendra. Pour le moment, c'est Dieu qui vit en son sein et se révèle à elle, autant que cela est possible à Marie dans son humble condition humaine.

On peut dire que Marie, au plus profond de sa nature humaine, était déjà Fille, Image, Verbe du Père. Elle était ainsi plus ≪capable≫ que toute autre créature de devenir mère du Fils unique, de celui qui est l'Image parfaite, le Verbe absolu du Père.

Ainsi se vérifie la grande vérité théologique selon laquelle l'ordre dit naturel est, dans sa profondeur fondamentale, ≪capable≫ de l'ordre surnaturel. Il ne peut en être autrement, puisque Dieu a ainsi créé toutes choses pour qu'elles soient, chacune selon son degré, l'image de ce qu'il est dans son être même.

Marie ayant été ainsi préparée à concevoir le Fils du Père, et tous les doutes ayant été enlevés, elle reçut en son sein la Parole éternelle de Dieu et par l'action de l'Esprit elle le conçut dans son humanité······ Et tout cela s'est fait si simplement, si naturellement, si humblement, que nous pouvons en conclure dans quelle intimité d'union avec Dieu Marie vivait déjà quand elle reçut le message de la part de Dieu.

8. AVANT QUE NE FÛT L'UNIVERS

Avant que ne fût l'univers, avant que le temps n'existât, avant ce quelque chose d'informe dont parlent les cosmogonies, existait un être mystérieux que nous ne pouvons imaginer. Faute de pouvoir lui donner son nom, car il n'a d'autre nom que lui‒même, nous l'appelons Dieu. C'est une manière pratique de le désigner, de le nommer, mais nous savons que ce n'est pas son nom. Et pourtant, nous savons bien que quand nous disons ≪Mon Dieu≫, il nous entend, il nous écoute, il nous répond.

Avant que l'univers ne fût, Dieu était. Avec lui, inséparable de lui, était sa Sagesse, Dieu lui‒même, dans son intelligence, dans sa capacité de comprendre, de juger, d'agir en lui et hors de lui. Par cette Sagesse, qui l'exprime dans sa réalité la plus mystérieuse, Dieu a mis le monde en existence. Comme en se jouant, par sa Sagesse, il a tout fait sortir du néant, néant non pas de son être à lui, mais néant de l'existence des choses. Par sa force, par le souffle de vie, son Esprit, il a mis tout cet univers en mouvement. Il lui a donné ≪*la vie*≫ par son Verbe, et ce Verbe est devenu ≪*la lumière des hommes*≫(Jn 1, 3‒4).

Dans toutes les religions, l'homme a toujours rêvé d'être participant de cet acte de création. Il rêve toujours d'avoir été là au commencement de toutes choses, à ce moment unique, avant tout autre commencement. Or cet acte que nous projetons dans le passé est en Dieu un acte d'aujourd'hui, un acte toujours présent. Tout être humain qui arrive à l'union la plus profonde avec Dieu peut dire: ≪J'étais là avant tout commencement, quand Dieu créait, c'est–à–dire quand il crée toutes choses dans son éternel présent.≫

La tradition chrétienne, qui voit en Marie l'être humain parfait et véritable, n'a pas manqué de lui attribuer cette existence avant tous les temps dans la profondeur de la pensée divine, cette présence auprès du Créateur, avant que rien ne fût. L'Eglise applique donc à Marie le texte du *Livre des Proverbes* qui décrit la présence de la Sagesse aux côtés du Créateur:

≪*Le Seigneur m'a engendrée prémice de son activité, prélude à ses oeuvres anciennes. J'ai été sacrée depuis toujours, dès les origines, dès les premiers temps de la terre. Quand les abîmes n'étaient pas, j'ai été enfantée, quand n'étaient pas les sources profondes des eaux. Avant que n'aient surgi les montagnes, avant les collines, j'ai été enfantée, alors qu'Il n'avait pas encore fait la terre et les espaces ni l'ensemble des molécules du monde. Quand Il affermit les cieux, moi, j'étais là, quand Il grava un cercle face à l'abîme, quand Il condensa les masses nuageuses en haut et quand les sources de l'abîme montraient leur violence; quand Il assigna son décret à la mer —et les eaux n'y contreviennent pas —quand Il traça les fondements de la terre, je fus maître d'oeuvre à son côté, objet de ses délices chaque jour, jouant en sa présence en tout temps, jouant dans son univers terrestre; et je trouve mes délices parmi les hommes*≫(Pr 8, 22−31).

C'est là le retour à l'origine de toutes choses que les mystiques, qu'ils soient taoïstes ou chrétiens, ont cherché à réaliser. Ainsi Maître Eckhart nous dit comment il était ou, mieux, comment il est en Dieu de toute éternité. Rien de plus exact puisque rien ne peut venir à l'existence qui ne soit déjà en Dieu, dans ce que nous appelons sa pensée, faute de pouvoir nous exprimer autrement.

Or, si ceci est vrai de tout être humain, encore plus cela l'est−il du Verbe incarné et de Marie qui est sa mère. Ne pensons pas que ce soient là des rêveries. Simplement, l'imagination vient à notre secours, sinon pour exprimer, du moins pour suggérer, un mystère, que nous ne pouvons pas saisir corps à corps.

Telle est la profondeur de l'être de Marie, sans laquelle elle n'aurait jamais pu dire un ≪oui≫ absolu à la demande qui lui était faite d'être la Mère du Fils. Il fallait que ce ≪oui≫ plongeât ses racines à ce coeur inacessible de l'Etre divin. Ainsi ce ≪oui≫ est totalement conjoint à l'acte du Père dans l'Incarnation. L'Esprit du Père et l'esprit de Marie sont aussi un qu'il est possible dans cet acte commun du Père et de la Mère. Dans ce ≪oui≫, par ce ≪oui≫ conjoint du Père et de la Vierge Marie, le Verbe de Dieu a pris chair en Marie et par Marie.

Dans ce ≪oui≫ qui prend origine au−delà de tout désir humain, la virginité de Marie est totale. Son ≪oui≫ est absolument virginal, car il ne passe par aucune autre créature. Il ne peut être partagé par personne d'autre. Joseph en fut par la suite le témoin et, dans un sens, le garant. Mais il ne pouvait en aucune mesure être impliqué dans l'acte même de la conception du Verbe de Dieu dans le sein de Marie. Dans l'absence de cet acte humain, dans ce vide, nous apparaît dans toute sa clarté le mystère de la conception virginale. C'est pour cela que l'évangile nous dit que l'ange fut envoyé à une ≪*vierge qui s'appelait Marie*≫. Non un être de rêve, mais une femme de chez nous.

9. LE PREMIER SILENCE DE MARIE

Dans la vie de Marie nous trouverons trois grands silences: celui qui précède l'Incarnation; celui du temps de la gestation et de l'attente de la naissance; enfin, celui de la fin de sa vie: silence qui commence au calvaire et s'achève au coeur de la première communauté chrétienne.

Il existe dans la vie de Marie d'autres temps de silence car elle a toujours été silencieusement attentive au mystère de son Fils. Mais les trois silences que je viens de mentionner marquent vraiment trois étapes de la vie de celle qui a été toute attentive au mystère de Dieu, en lui —même, en elle et dans son Fils. Ces silences de Marie ont chacun un sens particulier qu'il est bon d'expliciter[1].

Tout silence est relatif à la parole. Or le silence de Marie est plus profond que tout autre silence des hommes, car il est relatif à la Parole même de Dieu, la Parole éternelle du Père. Il lui fallait, pour recevoir cette Parole, un silence tel qu'il fût vraiment vide de toute pensée, de tout désir, de toute attente même. Marie s'est faite silence. Mieux, le

---

1) Pour la présentation de ces trois silences, je me suis inspiré d'un texte de Ivan Illich, ≪L'éloquence du silence≫, paru dans ≪*Libérer l'Avenir*≫ Ed. du Seuil 1971. Ce texte est la traduction de The Eloquence of Silence, publié dans Ivan Illich, *Celebration of Awareness*. A Doubleday Anchor Book, p.29.

Père l'a comme mise en silence total devant Lui, pour qu'elle puisse un jour recevoir son Verbe dans toute sa réalité.

Peu à peu, elle s'était habituée à être silencieuse pour écouter la Parole de Dieu lui parlant dans les Ecritures. Peu à peu, elle a appris ce silence qui est vide de soi—même, vide de tout le terrestre, totale attention au mystère de Dieu. Peu à peu, sans savoir où cela allait la mener, elle s'était habituée à vivre en silence. Quand Dieu eut pensé qu'elle avait assez, selon ses forces, pratiqué ce silence, il la mit dans un silence encore plus profond avant de lui envoyer l'ange lui porter le message de l'Incarnation.

Marie était plus silencieuse en cet instant devant le mystère de la venue du Messie que tout Israël, avec tous ses patriarches, rois et prophètes, ne l'avait été pendant des siècles. Elle a porté leur silence à l'extrême, pour pouvoir recevoir en son sein la Parole de Dieu.

Avant l'Incarnation, Marie était donc toute silencieuse, et sa virginité est le signe le plus fort, le plus parlant, de ce silence total devant Dieu, silence d'absolue disponibilité. Sa virginité est pour elle attente de l'Esprit de Dieu, et non d'un homme qui la rendrait féconde. Silence du corps, du coeur et de l'esprit, de tout l'être. Silence de femme qui se sait aimée et qui aime, silence de femme qui attend de devenir mère par la puissance même de Dieu.

Dans le langage liturgique de l'Eglise[1], Marie est associée à la terre qui attend la rosée du Ciel(Si 24. ls 45, 8). Ces symbolismes sont d'une grande

---

1) Cf. Messe du quatrième dimanche de l'Avent. Introït.

richesse. Il ne faut pas les regarder avec une sorte de dédain, sous prétexte qu'ils ne sont pas assez ≪spirituels≫. Ils sont les symboles essentiels qui sous−entendent pour nous l'expérience religieuse. Il est assez remarquable que ces symboles les plus simples, les plus fondamentaux qu'une théologie plus intellectuelle a tendance à mettre de côté, retrouvent tout leur sens dans l'expérience mystique la plus élevée et la plus profonde.

L'attente de Marie n'est pas ce que nous pouvons appeler une attente suppliante. Dans la liturgie de l'Avent, l'Eglise exprime son désir de la venue du Christ en termes ardents. La venue du Christ va en effet combler le vide du coeur de l'homme. L'attente de Marie était plus totale que la nôtre car elle n'avait, si j'ose dire, aucun de ces désirs de thumains qui en nous limitent notre attente du Seigneur. Marie avait atteint à une telle conformité au vouloir divin que son désir était au− delàout désir. Elle ne pouvait savoir ce que Dieu allait faire d'elle ni ce qu'il allait accomplir en elle. Son silence était total. Son vouloir n'était plus le sien, mais déjà celui du Père.

Pour recevoir la Parole de Dieu dans toute sa grandeur, il fallait donc que le silence de Marie fût porté à un degré qu'il nous est difficile de concevoir. De toute manière, elle savait bien qu'elle ne pourrait jamais être assez silence pour recevoir la Parole dans toute sa grandeur et réalité. C'est pourquoi elle n'a dit qu'un mot: ≪*Oui, qu'il me soit fait selon ta parole.*≫ Dans ce consentement, et par lui, dans un acte conjoint à celui de Dieu, Marie a conçu un enfant qui est la Parole substantielle du Père et l'expression totale de son être humain à elle. Dans le Silence de la Trinité, de la création entière et de l'humanité, Marie est devenue la Mère du Verbe éternel.

Deuxième partie

La mère de Jésus

«*Marie retenait tous ces événements et les méditait dans son coeur*»
(Lc 2, 19).

10. L'ENTRÉE DANS L'HISTOIRE

Quand l'ange eut annoncé à Marie qu'elle enfanterait un fils et lui donnerait le nom de Jésus, il lui fit savoir que sa cousine Elisabeth, malgré son âge avancé, avait conçu et qu'elle en était à son sixième mois. Pourquoi? Sans aucun doute pour rassurer Marie dans son acte de foi. En effet, l'ange ajoute sur le ton de l'évidence: ≪*Car rien n'est impossible à Dieu*≫(Lc 1, 37).

Mais il y a certainement une raison toute naturelle. A son fiancé qu'elle aime, Marie ne peut parler de ce qui lui arrive. Ce n'est pas à elle de révéler à Joseph comment elle a conçu. C'est le secret de Dieu. Pourtant cette toute jeune femme a besoin de pouvoir parler. Elle ne peut rester seule avec son secret. Il faut qu'elle puisse se confier à quelqu'un qui la comprenne. Dieu, qui connaît bien le coeur humain, lui fait donc dire que sa cousine est enceinte, elle aussi. De la sorte, Marie ne se sent plus isolée.

Ainsi débute ce que l'on peut appeler l'éducation de Marie. Désormais Dieu, qui lui parle au fond du coeur d'une manière mystérieuse, communiquera avec elle, pour lui révéler ses desseins et l'éduquer, par l'intermédiaire de ceux qui l'entourent et qu'elle rencontre. Ainsi va la pédagogie divine.

Le cas de Marie nous est très précieux, car Dieu ne l'a pas toujours inspirée directement d'une manière extraordinaire, en lui disant que faire. Elle n'était pas de ceux qui disent continuellement: ≪Dieu m'a dit, Dieu m'a inspiré.≫ Elle pouvait dire: ≪Dieu m'a fait comprendre, Dieu m'a instruite par l'intermédiaire des autres. Par les événements, il m'a invitée à réfléchir, et peu à peu j'ai compris ses desseins.≫

Cette éducation de Marie a commencé par les paroles d'Elisabeth: ≪*Tu es bénie plus que toutes les femmes, béni aussi le fruit de ton sein! Comment m'est—il donné que vienne à moi la mère de mon Seigneur? Car lorsque ta salutation a retenti à mes oreilles, voici que l'enfant a bondi d'allégresse en mon sein. Bienheureuse celle qui a cru: ce qui lui a été dit de la part du Seigneur s'accomplira*≫(Lc 1, 42—45).

Tout est joie dans cette scène de la Visitation, tout est exultation sous l'action de l'Esprit Saint. Marie après l'Annonciation avait conscience qu'un grand mystère s'accomplissait en elle⋯⋯Elle avait aussi hâte d'aller voir sa cousine pour lui en parler. Elle ≪*partit donc rapidement*≫(Lc 1, 39). Pourquoi attendre? Sur le chemin, elle dut bien préparer ce qu'elle dirait à sa cousine. Peut—être se trouvait—elle un peu embarrassée. Mais elle avait confiance que tout irait bien, qu'elle serait bien accueillie avec le récit de ce qui venait de lui arriver.

Or tout cela s'insère dans l'événement le plus naturel du monde. Une jeune fille va rendre visite à sa cousine parce qu'elle vient d'apprendre qu'elle est enceinte. Elle a préparé de son mieux cette rencontre. Dieu ne lui a pas dit qu'elle devait y aller, encore moins quand elle devait y aller. L'ange est rentré dans son paradis. Et Marie a simplement réfléchi à ce qu'elle devait faire. Elle a pris sa décision d'elle‑même et elle est partie.

Dieu l'a vraiment rendue à sa condition humaine de jeune femme qui a besoin de quelqu'un avec qui partager. Mais cette réflexion sur sa situation, cette décision, tout cela est inspiré de l'intérieur, sans que Marie en ait forcément conscience, par l'Esprit Saint qui l'a rendue féconde.

Et voici que c'est ce même Esprit Saint, l'Esprit de Dieu, qui fait exulter le petit Jean‑Baptiste dans le sein de sa mère. Cette exultation de l'enfant se communique à sa mère qui est maintenant remplie de l'Esprit. Elle parle et, dans ses paroles, elle découvre qu'elle connaît et comprend le mystère de sa jeune cousine Marie. Ainsi en va‑t‑il dans nos vies. L'Esprit de Dieu qui anime les enfants de Dieu les unit les uns aux autres et leur révèle, les uns par les autres, les secrets de Dieu.

11. MARIE EXULTE DANS LE SEIGNEUR

Cette histoire n'est pas de la petite histoire locale qui n'intéresserait que les gens de l'endroit. Toute l'humanité est concernée par ces événements qui se passent dans une petite ville de Judée. En entendant les paroles de sa cousine Elisabeth, Marie perçoit soudain qu'elle entre dans l'histoire du peuple d'Israël et dans l'histoire de l'humanité entière. Elle prend conscience de ce qui lui est arrivé lorsque, dans sa petitesse et son insignifiance, elle a été choisie par Dieu pour devenir la mère de son Fils, la femme la plus aimée de tout le genre humain. Et elle reconnaît que Dieu lui−même est l'auteur de toute cette aventure.

≪*Alors Marie dit: Mon âme exalte le Seigneur et mon esprit est rempli d'allégresse à cause de Dieu, mon Sauveur, parce qu'il a porté son regard sur son humble servante. Oui, désormais, toutes les généra- rations me proclameront bienheureuse*≫(Lc 1, 46−55).

L'amour miséricordieux du Seigneur l'a touchée et, en la touchant, cet amour a touché l'humanité entière. C'est pourquoi celle−ci dit que Marie est ≪*bienheureuse*≫. En Marie commence la grande histoire de l'Incarnation. Il était normal que Marie, se sachant aimée de Dieu, se sache aussi aimée de l'humanité, car en ce jour, c'est l'humanité entière qu'elle représente. Par Marie et en Marie, le genre humain entier reconnaît l'amour inexplicable de Dieu: ≪*Dieu, en effet, a tant aimé le monde qu'il a donné son Fils, son unique, pour que tout homme qui croit en lui ne périsse pas mais ait la vie éternelle*≫(Jn 3, 16).

L'esprit de Marie exulte de joie et tout son être tressaille sous l'action de l'Esprit. Plus encore qu'en toute autre femme, le corps et l'esprit sont en elle intimement unis. Si Dieu a pris chair en elle, il fallait bien que tout son être tressaille de joie, quand elle se vit, dans la lumière de Dieu, fille bien−aimée de l'humanité entière. Elle peut dire que sa chair et son sang, son esprit et son coeur exultent de joie, la joie d'une femme qui a été saisie par l'Esprit de Dieu et rendue féconde par son action mystérieuse. C'est pourquoi le tressaillement de Marie est si simple et si beau, sa louange si claire, sans aucune fausse complaisance en elle−même······

Merveilleuse humanité de Marie, harpe et lyre que fait vibrer et chanter le doigt de Dieu. Instrument mystérieusement intégré que l'être très pur et très chaste de Marie qui tressaille au Souffle de Dieu. ≪Marie, en cet instant la terre entière a exulté, et toi seule, avec ta cousine et ton petit−cousin, en avez eu conscience≫. Il se passe ainsi au plus profond de l'histoire humaine des choses dont si peu de personnes s'aperçoivent. Mais un jour finalement ces secrets sont révélés, car ce qui est dit dans le secret sera un jour proclamé sur les places publiques et aux carrefours des grands chemins(Mt 10, 26−28).

Marie a le regard parfaitement clair. Elle sait bien ce que Dieu a fait en elle. D'ailleurs, cette louange que lui adressera l'humanité est si peu de chose au regard de ce que Dieu lui—même lui a dit par la bouche de l'ange. Mais dans notre louange pour Marie, nous pouvons nous unir à celle que Dieu lui—même lui adresse. Marie ne se bande pas les yeux pour ne pas voir. Plus elle voit clairement ce qui lui arrive, plus elle reconnaît que tout cela est l'oeuvre de Dieu. Elle peut exulter d'autant plus que c'est ≪*en son Sauveur*≫ qu'elle exulte ainsi.

Dans cette exultation de l'esprit, elle voit le plan de Dieu. A la lumière de sa propre histoire, elle entre dans le mystère de l'histoire humaine et de l'attitude de Dieu à l'égard de l'humanité: ≪*Il est intervenu de toute la force de son bras; il a dispersé les hommes à la pensée orgueilleuse; il a jeté les puissants à bas de leurs trônes et il a élevé les humbles; les affamés, il les a comblés de biens et les riches, il les a renvoyés les mains vides*≫(Lc 1, 51—53).

Vraiment, en Marie se réalise de manière étonnante cette pensée qui revient si souvent dans la pensée taoïste: que le ≪Tao≫ habite dans le coeur vidé de lui—même. Ce qui est vrai des grands sages taoïstes est combien plus vrai de Marie, en qui le Verbe est venu habiter, car elle était toute vidée d'elle—même. Et combien plus se réalise en elle cette pensée que le ≪Tao≫ prend plaisir à humilier les puissants et donne une puissance étonnante à ceux qui savent se faire les plus humbles et les plus bas de tous les êtres[1].

---

1) Cette pensée que le principe absolu de toutes choses, le *Tao*, habite dans le coeur vidé de tout, est une des bases de la mystique taoïste. On la trouve exprimée dans le célèbre passage de Chuang—tzu sur le ≪jeûne du coeur≫. Cf. *Chuang—tzu*. Livre 4. Le monde des hommes. La doctrine de l'humilité taoïste se trouve partout répandue dans le *Tao Te King* de Lao Tseu. Cf. Trad. Claude Larre. Desclée De Brouwer, 1977.

12. LE SECOND SILENCE DE MARIE

Le premier silence de Marie était celui de l'attente de la Parole. Son second silence commença quand elle eut reçu la Parole de Dieu en son sein et conçu en elle le Verbe de Dieu. Ce n'est plus le silence de *l'attente*, c'est le silence de *l'attention* au mystère qui se réalise en elle. Que peut—elle imaginer de plus qu'une femme qui vient de concevoir et qui le sait? Elle assiste à ce grandissement en elle de son propre enfant; en cela, elle est comme toutes les mères.

Mais cependant, c'était tout autre chose. Elle ne pouvait imaginer que son enfant ressemblerait à son mari! Mais comment pouvaitelle imaginer le visage du Père? Jamais femme enceinte n'avait été mise dans un tel silence. Ce début en elle d'une existence humaine, elle pouvait, comme toute autre femme, se l'imaginer. Mais comment se représenter ce que sa maternité avait d'unique et de proprement divin?

Le mystère de ce second silence, elle a commencé à le vivre dès le départ de l'ange. Peut—être devait—elle paraître un peu agitée, quand elle fit part du désir d'aller rendre visite à Elisabeth. Mais ses parents ne durent pas être trop surpris. De toute manière, au fond d'elle—même, elle était paisible et silencieuse devant l'incompréhensible. Un silence que ne dérange pas sa rencontre avec Elisabeth, ni la déclaration que celle-ci lui fait, ni le tressaillement qu'elle lui avoue. Et le Magnificat n'est, pour Marie, que l'expression de ce qu'elle vit en elle-même, dans le plus profond silence que l'humanité ait jamais connu.

Quand elle et sa cousine eurent échangé leurs salutations, Marie rentra vite dans son silence. Chacune retourna à ses occupations, Marie aidant sa cousine et apprenant d'elle des choses qu'elle ne pouvait demander à sa propre mère. De toute manière, le silence de son coeur ne pouvait être troublé et Marie était de plus en plus attentive à l'enfant qui grandissait en elle.

Pendant ce second silence, elle nourrit de sa substance le Verbe de Dieu fait chair. En elle la Parole sans forme et sans corps prend une forme et un corps. Cette Parole que le Père dit depuis toujours et qui n'est comprise que de lui, Marie lui donne une expression en lui faisant un corps. Dans l'Epître aux Hébreux, nous entendons le Fils de Dieu, le Christ, dire à son Père: «*De sacrifice et d'offrande, tu n'as pas voulu, mais tu m'as façonné un corps*»(Heb 10, 4). Ce corps, c'est par Marie que le Père l'a préparé. Pendant que Marie était silencieuse devant le mystère du Fils de Dieu prenant corps en elle, le Père l'était aussi. C'est le silence de la Trinité entière et le silence de toute la terre qui ne sait pas encore que, par Marie, elle va enfanter le Fils de Dieu qui vient lui apporter le salut.

Marie vécut d'abord dans le silence d'une double attente, celle de sa cousine et la sienne. Puis quand Jean-Baptiste fut né, pas avant peut-on raisonnablement supposer, elle rentra chez elle, portant avec elle son total silence: silence de son corps, de son coeur, de son esprit.

L'expérience de sa cousine l'aidait à entrer dans la sienne. Elle savait maintenant comment se déroulerait sa grossesse et ce que serait la naissance de son enfant. Elle emportait avec elle le souvenir des événements qui avaient accompagné la naissance du petit Jean. Le Cantique de son cousin Zacharie résonnait encore à son oreille, mais elle se demandait déjà, en rentrant chez elle, qui chanterait un Benedictus pour la naissance de son fils. Joseph?⋯⋯Mais ce ne serait pas à lui d'entonner le cantique: il n'était pas le père de l'enfant!

Certainement qu'en pensant à Joseph, Marie était dans la peine. Ce n'était pas à elle de parler la première⋯⋯Jour après jour, Marie prenait conscience que l'on verrait bientôt qu'elle était enceinte⋯⋯Et le Père restait silencieux, tout absorbé dans ce grand mystère qu'il vivait en son Fils, devenir homme en lui et par lui, dans le sein de Marie.

En silence, elle donne à son enfant tout ce qu'elle peut donner d'attention et d'amour. Elle le chérissait, l'entourait de tendresse et se préparait à le donner. Elle s'efforçait de lui témoigner, autant qu'elle le pouvait, les marques d'un double amour, celui du Père et le sien, en attendant que Joseph, instruit du mystère, puisse se joindre à eux pour préparer l'enfant à naître.

13. MARIE ET JOSEPH

Matthieu fait entrer Joseph dans son récit, non pas comme Luc à propos de la visite de l'ange, mais à propos de la généalogie du Christ: ≪*Livre des origines de Jésus Christ, fils de David, fils d'Abraham······ Mathan engendra Jacob, Jacob engendra Joseph, l'époux de Marie, de laquelle est né Jésus, qu'on appelle Christ*≫(Mt 1, 1−16). Cette généalogie (descendante; celle donnée par Luc 3, 23−38 est ≪remontante≫) présente une singulière anomalie: elle ne dit pas que Joseph engendra Jésus. La naissance de Jésus comporte un mystère sur lequel Luc lève le voile avec le récit de l'Annonciation. Matthieu, lui, se contente de constater le fait, sans donner d'autre explication: ≪*Voici quelle fut l'origine de Jésus Christ. Marie, sa mère, était accordée en mariage à Joseph. Or, avant qu'ils n'aient habité ensemble, elle se trouva enceinte par le fait de l'Esprit Saint*≫(Mt 1, 18).

Voilà donc une jeune fille, Marie, fiancée à un homme, Joseph, et c'est cet homme qui est cité dans la généalogie. Leurs fiançailles et leur mariage sont prévus pour se dérouler normalement. Pourquoi pas? On peut évidemment penser que Marie n'avait pas l'intention de ≪connaître≫ Joseph (voir le récit de l'Annonciation chez Luc). Mais jusque−là, apparemment, rien ne tranche sur l'ordinaire. Joseph devait se comporter comme tout fiancé de ce temps—là et de ce payslà: Marie lui était promise.

Selon Matthieu, il semble que c'est quand la grossesse de Marie devint évidente que Joseph prit conscience qu'elle attendait un enfant.

Quand il sait, comme tout un chacun dans de telles circonstances, il se demande quelle conduite adopter. C'est à partir de là que le récit(Mt 1, 19—23) se singularise. Joseph, par droiture et loyauté, s'interdit de faire du tort à la femme qu'il aime. Il ne peut plus la prendre chez lui comme épouse, elle est déjà enceinte. Même s'il ne porte aucun soupçon sur sa vertu, il lui faut agir comme si elle était enceinte d'un autre homme. Pas d'autre solution, pour sortir de cette étrange situation, que de la ≪*répudier secrètement*≫ pour ne pas la ≪*diffamer publiquement*≫ (Mt 1, 19).

Avant d'en arriver là, nul doute que Joseph dut beaucoup réfléchir et qu'en un long discernement, il a retourné en tous sens tous les aspects du problème. Le remarquable est que Dieu n'intervient qu'après la décision prise: ≪*Il avait formé ce projet, et voici que l'ange du Seigneur lui apparut*≫(Mt 1, 20). Pourquoi ce retard à l'avertir? Cette déconcertante manière d'agir de Dieu n'a qu'une raison, et elle est simple: Dieu, tout au long de cette aventure de l'Incarnation, laisse les personnes qui entourent son Fils vivre leur vie selon les lois de l'existence humaine. S'il intervient, c'est le moins possible et à l'intérieur des événements de l'histoire, non pour les ≪*abolir*≫ mais pour les ≪*remplir*≫(Mt 5, 16). Son action ne vient pas contrecarrer les démarches des hommes, elle vient s'y insérer.

Au dernier moment donc, une fois que Joseph a tout décidé de son propre chef tel qu'il pense devoir le faire en ≪*homme juste*≫, alors Dieu envoie son ange, pour lui révéler l'élément essentiel qui manque à son discernement et qu'il n'a pu deviner: ≪*Ce qui a été engendré en elle vient de l'Esprit Saint*≫(Mt 1, 21). Et, toujours en ≪*homme juste*≫ (et le qualificatif prend alors tout son poids), Joseph en tire les conséquences: ≪*A son réveil, Joseph fit ce que l'ange lui avait prescrit: il prit chez lui son épouse mais il ne la connut pas jusqu'à ce qu'elle eut enfanté un fils auquel il donna le nom de Jésus*≫(Mt 1, 24−25).

Ainsi, sans l'avoir ≪connue≫, Joseph a aimé Marie comme un époux aime son épouse. Dans cet amour, il devint vraiment le père de l'enfant conçu de l'amour du Père et de Marie.

14. LA NAISSANCE DE JÉSUS

Il fallait que le Messie naquît à Bethléem, la ville de David. Pour tout le monde, il était fils de Joseph. Il est né dans la famille de Joseph, de Marie qui devait, elle aussi, être d'ascendance davidique. Si Joseph n'est pas le père de Jésus selon la chair, il l'est selon la Loi. Il se devait donc de conduire son épouse au pays de leurs ancêtres pour que Jésus soit bien reconnu comme étant de la tribu de Juda et de la famille de David.

Ainsi la naissance du Verbe de Dieu selon la chair s'insère dans l'histoire du peuple juif. Quand Dieu est venu faire part à Marie de son dessein, il ne l'a pas emportée dans les bras des anges dans un monde merveilleux. Non, c'est Lui qui est venu dans notre monde. Le Verbe de Dieu ne s'est pas seulement soumis aux lois naturelles de toute gestation humaine. Il s'est soumis à la loi de Dieu et également à celle des Romains qui tenaient alors son pays en tutelle.

Quand parut l'ordre de recensement, Joseph vint donc à Bethléem avec son épouse enceinte et toute proche d'accoucher. Il l'avait prise chez lui pour obéir à ce que l'ange lui avait dit de faire. Maintenant, c'est lui qui décide: de la date du départ, du chemin qu'ils vont prendre. Sans être le père de l'enfant. Joseph se conduit vraiment en mari pleinement en charge de sa famille et il fait de son mieux. En tout, il agit le plus simplement, le plus naturellement du monde.

Sur le chemin, Marie eut le temps de penser à ce que l'ange lui avait dit: ≪*Il sera grand et sera appelé fils du Très Haut. Le Seigneur lui donnera le trône de David son père; il régnera pour toujours sur la famille de Jacob et son règne n'aura pas de fin*≫(Lc 1, 32−33). Peu à peu le sens de ces paroles commence à lui apparaître. Elle va avec son mari dans la ville de leurs ancêtres et c'est là, elle le sait, que son enfant, fils de David, va naître. Elle ne se préoccupe pas. Joseph connaît maintenant son histoire. Elle l'aime, elle est aimée de lui et cet amour est pour elle un réconfort et une joie. Cette joie se répercute en elle et touche son enfant qui a déjà, en Joseph, l'image humaine de son Père.

≪*Or, en ce temps −là, parut un décret de César Auguste pour faire recenser le monde entier*≫(Lc 2, 1). ≪*Recenser le monde entier.*≫ Il n'en fallait pas tant pour remplir la petite ville de Bethléem! La descendance de David y suffisait. Ce qui est certain, c'est ≪*qu'il n'y avait pas de place pour eux dans la salle d'hôtes*≫(Lc 2, 7). Il n'est pas indispensable de voir en cela une manifestation de la mauvaise volonté des gens. Simplement, toutes les places étaient prises; premier venu, premier servi.

Le couple s'installe donc dans un local qui servait d'étable. Ce n'était peut−être pas très confortable, mais au moins ils y seraient tranquilles. Et puis il y avait là une crèche avec de la paille. Aucun luxe, mais c'était bien suffisant pour Marie et Joseph. Et plus que suffisant pour le Verbe de Dieu qui allait naître, non dans la chambre d'une maternité, mais en compagnie d'animaux inconscients des événements.

≪*Or, pendant qu'ils étaient là, le jour où elle devait accoucher arriva; elle accoucha de son premier —né, l'emmaillota et le déposa dans une mangeoire ⋯⋯*≫(Lc 2, 6—7). Le récit de ces faits est tellement sobre, tellement direct, tellement inscrit dans l'histoire du peuple juif et dans celle de Marie et de Joseph, que l'on ne peut que rester devant, en silence, en essayant avec simplicité d'imaginer les choses[1].

Vraiment, cette histoire de Dieu fait homme s'inscrit au coeur même de la vie d'un jeune couple de telle manière que personne ne peut penser qu'il y a là quoi que ce soit d'extraordinaire. Dieu nous apprend ainsi que, quand il nous a fait quelque grâce particulière, il nous rend ensuite à nous—mêmes, et à notre vie de tous les jours. Tel est le grand mystère de son action en ce monde: il s'y glisse, au point de ne plus y être visible, sinon aux yeux de ceux qu'il initie lui—même à ses secrets.

---

1) Cf. saint Ignace ≪*Contemplation de la Nativité*: Voir les personnages. Voir Notre Dame, Joseph, la servante, et l'enfant Jésus après qu'il est né. Et moi, me faire un petit pauvre et un petit esclave indigne, qui les regarde, les contemple et les sert dans leurs besoins, comme si je me trouvais présent, avec toute la révérence et tout le respect possibles. Et réfléchir ensuite en moi—même afin de tirer quelque profit≫(Exercices Spirituels n° 114).

15. ≪QUANT A MARIE……≫

Pendant que, dans leur étable, Marie et Joseph veillaient sur l'enfant, quelque chose d'extraordinaire se passait tout près, dans un champ voisin. Il nous faut aller relire une fois encore ce récit, connu depuis notre enfance(Lc 2, 8−18), où l'évangéliste, avec le plus grand naturel, convoque ≪*l'armée céleste en masse*≫ pour ≪*annoncer la naissance de Jésus*≫ et la grandeur de son destin: ≪*un Sauveur qui est le Christ Seigneur*≫, à ≪*des bergers qui vivaient aux champs et montaient la garde de leurs troupeaux*≫.

Or ce message, dont la ≪mise en scène≫ est parfaitement adaptée aux bergers auxquels il est premièrement destiné, est aussi adressé à Marie. Encore une fois, Dieu instruit Marie, non pas directement, mais par l'intermédiaire d'autres personnes.

Quand les bergers arrivent, elle ne reste pas absorbée dans sa contemplation. Elle écoute ce que racontent les bergers. Elle ne se dit pas qu'elle en sait bien plus qu'eux et qu'elle n'a rien à en apprendre. Intérieurement attentive au mystère, elle comprend que c'est là une autre manière d'exprimer ce que l'ange lui avait dit: ≪*Il sera grand et sera appelé fils du Très Haut. Le Seigneur lui donnera le trône de David son père; il régnera pour toujours sur la famille de Jacob et son règne n'aura pas de fin*≫(Lc 1, 32−33).

≪*Tous étaient donc émerveillés*≫(Lc 2, 18) et Marie l'était aussi avec eux, mais d'une manière différente, car elle connaissait déjà, dans son silence, le message qui lui était maintenant rapporté au milieu de tant de bruit et de lumière. Pendant que les bergers continuent de raconter leur histoire à tous ceux qui veulent bien les entendre, Marie laisse pénétrer toutes ces choses ≪*dans son coeur*≫(Lc 2, 19).

Elle dépassait l'imagerie dont l'annonce était enrobée à l'intention des bergers pour retourner à la source du mystère. Sa démarche toute intérieure avait été mise en branle par les paroles de ces gens simples qui n'en revenaient pas de ce qui leur était arrivé. Marie non plus n'en revenait pas. Les bergers racontèrent leur histoire à tous ceux qui voulaient bien les écouter. ≪*Quant à Marie, elle retenait tous ces événements et les méditait dans son coeur*≫(Lc 2, 19).

Il est évident qu'il ne s'agit pas ici simplement de l'épisode des bergers. Ce qu'elle gardait dans son coeur, c'était tout ce qui lui était arrivé depuis la visite de l'ange. Elle prenait ainsi de plus en plus conscience du grand mystère qui s'était accompli en elle, depuis la première annonce.

Dans ce retour sur elle−même, elle n'est préoccupée ni de se découvrir ni de se connaître. Elle est toute vide d'elle−même et tournée vers le fond de son coeur pour y découvrir l'action du Seigneur en elle, l'amour dont elle est aimée⋯⋯et celui qu'elle porte à son Dieu, devenu son Fils. Ni exubérante, ni extatique, elle est paisible et pondérée: toute intérieure. Et, en même temps, elle est réceptive aux messages qui lui viennent du dehors. Elle vit sa première expérience de jeune mère, attentive à son enfant et toute heureuse de l'attention très respectueuse et pleine de tendresse que Joseph lui porte.

Il faut bien que cette attitude ait été caractéristique de Marie pour que l'évangile nous dise encore d'elle, après l'épisode du temple, quand Jésus avait douze ans: ≪*Et sa mère gardait tous ces événements dans son coeur*≫(Lc 2, 51). Ainsi sera−t−elle, toute sa vie, toute attentive à son Dieu qui lui parle au fond du coeur et par la bouche de ceux qui l'entourent.

16. MARIE ÉCOUTE

Sa vie durant, Marie a beaucoup écouté, beaucoup regardé. Elle a écouté son Dieu, elle a écouté Joseph, elle a écouté Jésus. Elle a écouté Elisabeth, les bergers, Siméon, la vieille prophétesse Anne. Plus tard, elle écoutera ce que les gens lui diront de son Fils. Au Cénacle, elle écoutera les apôtres, les disciples, les amis de Jésus, et puis elle écoutera tout ce que dira la jeune communauté chrétienne. C'est sur ce qu'elle a vu et entendu que Marie réfléchit. Elle ne s'est pas construit un univers de rêve, idéal, irréel, dans lequel elle aurait été à l'abri des réactions du monde. Elle a vécu comme toute mère, comme toute femme dans une petite ville. Elle n'a pas toujours été comprise, pas plus que son Fils ne l'a été. Ainsi le Fils, ainsi devait être la mère.

Elle ne réfléchit pas sur des imaginations, sur des désirs qui ne se réaliseront jamais, mais sur des faits. Elle se sert de son intelligence pour saisir le sens de ce qui lui est dit. Quand l'ange lui parle et lui annonce qu'elle va concevoir, immédiatement elle réfléchit, avec les éléments de jugement qu'elle peut avoir: ≪*Mais comment cela se fera —t —il puisque je suis vierge?*≫(Lc 1, 34). L'ange lui apporte une donnée nouvelle: elle concevra par une action spéciale de l'Esprit. Le plus naturellement, elle reçoit cela et le fait entrer dans son discernement. Tout se met en place chez elle. Elle dit oui le plus simplement du monde.

Marie nous donne là un admirable exemple d'intégration dans un raisonnement humain et dans une décision libre d'une donnée acceptée dans la foi. Ainsi sera—t—elle toute sa vie. Toute son existence s'est passée à cela: intégrer dans son histoire humaine les mystères divins auxquels Dieu lui demande de prendre part. Elle n'a rien d'une rêveuse, d'une absente, d'une idéaliste jamais satisfaite de ce qui lui arrive. Elle est toujours présente à elle—même, au moment qu'elle vit, dans l'action qu'elle accomplit. C'est pourquoi sa vie entière, jour après jour, a été une lente assimilation de sa maternité divine. Car être mère de Dieu ne consistait pas simplement à mettre Jésus au monde. C'est tout le mystère de son Fils qu'elle doit vivre·····Et pour cela il lui faudra toute son existence.

Jésus est vraiment ≪*né d'une femme et assujetti à la loi*≫(Gal 4, 4). Or cette soumission à la loi va sans tarder donner à Marie l'occasion d'entendre Dieu lui parler de son Fils par des personnes qu'il inspire. Quand l'enfant eut huit jours, on le circoncit et on lui donna le nom de Jésus (Lc 2, 21). ≪*Puis quand vint le jour où, suivant la loi de Moïse, ils(la mère et l'enfant) devaient être purifiés, ils l'emmenèrent à Jérusalem pour le présenter au Seigneur,·····ainsi qu'il est écrit dans la loi du Seigneur·····Or, il y avait à Jérusalem un homme du nom de Siméon. Cet homme était juste et pieux, il attendait la consolation d'Israël et l'Esprit Saint était sur lui*≫(Lc 2, 22 suiv.).

Encore une fois, Dieu se sert d'un intermédiaire pour révéler à Marie le mystère de son Fils. Comme dans le cas d'Elisabeth, il est spécifié que c'est l'Esprit Saint qui inspire le vieillard. Marie savait et, pourtant, c'était une lumière nouvelle que, par l'intermédiaire de Siméon, Dieu lui donnait sur son fils. ≪*Le père et la mère de l'enfant étaient étonnés de ce qu'on disait de lui*≫(Lc 2, 33). Etonnement de personnes qui connaissent le mystère et pourtant n'en finissent jamais de le découvrir.

Mais pour Marie, le mystère de son fils sera un mystère de douleurs aussi bien que de joies. Dieu se sert maintenant de Siméon pour introduire Marie dans cet aspect de l'histoire de Jésus: ≪*Il est là pour la chute ou le relèvement de beaucoup en Israël et pour être un signe contesté. Toi —même, un glaive te transpercera l'âme. Ainsi seront dévoilés les débats de bien des coeurs*≫(Lc 2, 34—35).

Au même moment survint la prophétesse Anne ≪*qui avait atteint l'âge de quatre —vingt —quatre ans*≫(Oc 2, 36—38). Elle était toute joyeuse de parler de l'enfant à tous ceux qui voulaient bien l'entendre······Et pendant qu'elle célébrait la venue du Messie, Marie et Joseph, emportant l'enfant, rentrèrent chez eux, tout heureux et pesant aussi les paroles de Siméon······

17. L'ÉTOILE ET LA FUITE EN ÉGYPTE

Ici se placent dans l'histoire de Marie trois épisodes qui s'enchaînent: la visite des Mages, la fuite en Egypte et le massacre des Innocents. Sans entrer dans l'exégèse de ces récits, prenons – les comme ils sont racontés dans les évangiles: c'est ainsi que les premières communautés chrétiennes les ont reçus et compris. ce qui nous intéresse ici, c'est la manière dont ces faits ont affecté la vie de Marie, de Jésus et de Joseph, et quel sens ils ont eu très tôt pour les disciples de Jésus, dans les premiers temps de l'Eglise.

C'est Matthieu qui nous rapporte la visite des Mages qui, ≪*venus d'Orient, arrivèrent à Jérusalem et demandèrent: où est le roi des Juifs qui vient de naître? Nous avons vu son astre à l'orient et nous sommes venus lui rendre hommage*≫(Mt 2, 1 – 2). Nous connaissons la suite de l'histoire, comment Hérode fait venir ≪*les grands prêtres et les scribes du peuple*≫ pour leur demander où doit naître le Messie, et comment les Mages se rendent à Bethléem, guidés par l'étoile. ≪*Entrant dans la maison, ils virent l'enfant avec Marie, sa mère, et, se prosternant, ils lui rendirent hommage. Ouvrant leurs coffrets, ils lui offrirent en présent de l'or, de l'encens et de la myrrhe*≫(Mt 2, 11).

Pour Marie, c'était un nouveau message, lui venant d'un autre monde que le monde juif. Dans cette visite des mages, elle commence à prendre la mesure de l'universalité de la mission de son Fils. Ainsi Dieu continue à éveiller Marie à son propre mystère par des intermédiaires qu'il a choisis et qu'il inspire, chacun de la manière

qui leur convient. Ainsi nous saisissons mieux comment le monde spirituel est un monde réel, concret aux yeux de l'esprit, même s'il est caché aux yeux de la chair. Peu à peu le message secret de l'Esprit Saint au fond de son coeur devient pour Marie intelligible et aussi réel que sa propre existence.

Hérode, ne voyant pas revenir les mages, ≪*entra en fureur*≫ et décida de faire disparaître ce ≪*roi des Juifs*≫ en supprimant tous les enfants de moins de deux ans ≪*dans Bethléem et tout son territoire*≫ (Mt 2, 16−18). Mais déjà Joseph avait pris avec lui Marie et Jésus pour les conduire en Egypte, selon l'ordre reçu de l'ange: ≪*Lève −toi, prends l'enfant et sa mère, et fuis en Egypte; restes −y jusqu'à nouvel ordre*≫(Mt 2, 13−15).

Si la venue des mages révèle un des aspects fondamentaux de la religion, la croyance au fait que le Ciel (ou Dieu) se manifeste dans les signes célestes, l'épisode d'Hérode en manifeste un autre: la venue du Messie dans le monde a, qu'on le veuille ou non, des implications politiques. Que l'on parle du ≪*Messie, roi des Juifs*≫, et Hérode se sent menacé. La venue du Messie pour instituer le Royaume de Dieu ébranle les royaumes de la terre. Toute l'imagerie de l'Ancien Testament décrivant la royauté du Christ dans les perspectives de la royauté davidique fausse la vision que les Juifs du temps du Christ ont du Messie à venir. Vraiment, Dieu doit trouver que le langage humain est bien limité······Faute de mieux, il nous parle dans un langage que nous comprenons, mais qui, en même temps, déforme sa pensée, pour ceux qui ne peuvent, par−delà les mots, saisir l'intention divine······

Voilà donc Marie et Joseph pris, à cause de Jésus, dans un pro−blème qui les dépasse. Aussi ≪*Joseph prit −il l'enfant et sa mère et partit en Egypte.*≫ Devant les abus des pouvoirs humains, la fuite est souvent la seule solution possible; Dieu lui−même y a recours pour sauver son propre Fils! Puisqu'il avait décidé de vivre une vie d'homme, en son Fils, il se devait d'accepter les règles du jeu des politiques humaines. Marie, elle aussi, entrait dans ce plan, car toute sa vie était désormais dépendante du destin de son enfant. Et Joseph était là pour veiller à ce que tout soit accompli comme il convenait, ≪*comme avait dit le Seigneur par le prophète: D'Egypte, j'ai rappelé mon fils*≫(Mt 2, 15).

18. «L'ENFANT ET SA MÈRE» ......
ET JOSEPH

Dans l'évangile de Matthieu, l'expression revient plusieurs fois, «*l'enfant et sa mère*»(Mt 2, 11; 2, 13; 2, 20). Ils sont inséparables, car l'enfant ne peut rien sans sa mère dans sa petite enfance. Marie et Jésus sont plus inséparables dans leur destinée que ne l'ont jamais été une mère et son enfant dans l'histoire humaine. Joseph aussi est là, toujours là. Il est difficile de dire tout ce qu'était Joseph pour Marie, mais il est certain qu'il entourait la mère et l'enfant d'une présence qui était pour eux l'image humaine aussi parfaite que possible du Père invisible.

Après les événements de la toute première enfance de Jésus, la sainte famille vécut la vie de tous les jeunes ménages, simple et paisible, centrée sur l'enfant. Réfugiés en Egypte, ils y mènent sans doute une vie assez précaire, très probablement parmi d'autres Israë—lites installés là depuis plus ou moins longtemps. Il ne nous est pas difficile d'imaginer ce que pouvait être leur situation, à notre époque où il y a dans le monde des millions de ces réfugiés qui attendent de pouvoir rentrer chez eux. Joseph attendait ainsi que le Père lui fasse savoir quand rentrer au pays.

A lire attentivement le récit que fait Matthieu des circonstances du retour d'Egypte(Mt 2, 19−23), nous voyons, encore une fois, que Joseph n'est pas un robot dans la main du Père des cieux. Comme au moment où il découvrit que Marie était enceinte, ici encore, au moment de rentrer dans son pays, il examine la situation et prend une décision. Il a peur de rentrer en Judée où Archelaüs est monté sur le trône de son père Hérode. Cette décision qu'il a prise est confirmée par un ≪*songe*≫ et il est fort possible que ce soit ≪*l'Ange du Seigneur*≫ qui lui ait suggéré de se fixer en Galilée. Cet épisode nous permet de nous rendre mieux compte de la manière dont le Père intervient dans la vie de Joseph qui le représente près de l'enfant et de sa mère.

Mais comment Joseph les voyait−il? Il les voyait du regard d'un homme qui est l'époux de la mère, sans être le père de l'enfant. Cette situation crée entre Joseph et Marie une situation tout à fait particulière. Il est l'époux de Marie, mais il représente près d'elle celui qui l'a vraiment ≪épousée≫: le Père des cieux. Or cette union, accomplie par l'action de l'Esprit Saint, n'est pas une union dans la chair, mais dans l'Esprit. C'est également dans l'Esprit que Joseph et Marie vivent leur relation d'époux et d'épouse.

Si le Père avait simplement voulu se servir de Marie de façon occasionnelle pour donner à son Fils une humanité, on pourrait concevoir que la chose faite et Jésus mis au monde, Marie et Joseph auraient pu avoir ensuite une vie conjugale semblable à celle de tous les couples. Mais il s'agit d'autre chose. La relation du Père et de Marie peut en toute vérité être dite relation d'épouse à époux[1]. Et parce que Dieu lui −même y est le partenaire, cette relation existe pour toujours et elle est absolument virginale. Elle se réalise dans une union ≪spirituelle≫, au niveau de l'esprit, au plus intime de l'être de Marie, par l'action de l'Esprit du Père.

Telle est la raison pour laquelle la tradition chrétienne a toujours regardé Marie comme Vierge avant, pendant et après son enfantement: son union au Père est virginale, pour toujours, —et a toujours dit que Marie et Joseph ont vécu leur mariage au—delà de l'union char—nelle.

Cela n'enlève rien à la réalité de leur amour. Ils s'aimèrent plus et mieux qu'aucun couple jamais ne s'aima. Ils étaient vraiment mariés et, si j'ose dire, ≪plus que mariés≫, tant leur communion était nouée en ce lien d'eux—mêmes le plus profond, que l'on appelle ≪l'esprit≫, là où Dieu vit et agit ≪sans intermédiaire≫[2] en tout être humain, là où jaillit la puissance vitale qui surgit de la profondeur de Dieu.

---

1) Cf. chapitre 5, page 14, et chapitre 7, page 18.
2) Exercices Spirituels n° 15.

19. ≪NE SAVIEZ · VOUS PAS......?≫

Les évangiles nous rapportent bien peu de choses de la vie à Nazareth. Cette parcimonie suggère que Jésus grandit comme tout autre enfant. Peu à peu, il s'éveille à la réalité du monde où il vit: tout d'abord sa famille, sa mère, son père; puis la parenté, les amis, les voisins; enfin son pays et son peuple.

Pourquoi reste−t−il trente ans dans cette petite ville? Tout simplement parce qu'il faut ce temps pour devenir un homme, a fortiori pour devenir un rabbi ayant autorité aux yeux du peuple. ≪A trente ans, je me tenais debout≫, disait Confucius[1].

Pour décrire la première enfance de Jésus, avant l'épisode du Temple, Luc n'a besoin que de deux phrases: ≪*Quant à l'enfant, il grandissait et se fortifiait, tout rempli de sagesse. Et la faveur de Dieu était sur lui*≫(Lc 2, 40). Tous ces verbes expriment un progrès, une croissance. Il fallait que la conscience que Jésus avait de sa mission et de sa filiation divines prenne corps dans la réalité de son huma−nité. Il en avait une perception ineffable, mais celle−ci ne pouvait devenir saisissable à sa conscience d'homme en l'espace d'un jour, ou même

---

1) Entretiens de Confucius (Lum−Yü) ch. II, 4.

d'une année. Il y eut donc pour lui des étapes et des seuils, comme il est normal dans le développement de tout enfant de sa naissance à la fin de l'adolescence.

Dans ce processus, l'épisode du Temple est de première importance car il nous laisse entrevoir ce qui se passait dans la conscience profonde de Jésus et qui, apparemment, échappait à Marie et à Joseph. Tout se passait si simplement, l'enfant était si facile à élever. La première montée de Jésus à Jérusalem marque une ≪crise≫ chez l'enfant et chez ses parents: lui, jusqu'ici si docile et équilibré, fait soudain une fugue, et eux ne peuvent s'expliquer ce geste: ≪*Mon enfant, pourquoi as −tu agis de la sorte avec nous? Vois, ton père et moi, nous te cherchons tout angoissés*≫(Lc 2, 41 − 50).

Pendant trois jours, Marie et Joseph se sont trouvés devant un vide, un silence tout à fait inédits pour eux, une absence qu'ils n'ont jamais expérimentée. Ils ont laissé à Jérusalem un enfant comme tous les autres. Quand ils le retrouvent, ≪*le troisième jour*≫(Lc 2, 46) − et cette notation nous renvoie au triduum pascal[2]), à la disparition de Jésus dans la mort et à son retour parmi les siens ressuscité −, il leur apparaît dans une autre lumière. Soudain, après cette véritable ≪nuit≫ de l'esprit, la réalité du mystère éclate à leurs yeux. Le vide de ces trois jours pendant lesquels Jésus a disparu était comme nécessaire pour que Marie et Joseph réalisent, au travers de leur peine, ce dont l'enfant lui−même prenait de plus en plus conscience: il est le ≪Fils du Père≫. Et lui aussi, au moment où, à douze ans, il devenait adulte devant la

---

2) Cf. Michel CORBIN. ≪Christ, Puissance de Dieu≫. Supplément à vie Chrétienne n° 237, p. 31 et suiv.

Loi, il fallait qu'il expérimente en son huma—nité ce que c'était que d'être Fils du Père.

Après cet épisode qui marque un seuil dans la vie du Christ, la vie reprend comme avant, sans histoires: ≪*Puis il descendit avec eux pour aller à Nazareth. Il leur était soumis. Et sa mère gardait tous ces événements dans son coeur*≫(Lc 2, 51). Marie avait de quoi réfléchir. Dans l'épreuve, l'Esprit Saint lui a fait entrevoir quelque chose du mystère de son enfant. Elle peut maintenant, sortie de sa ≪nuit≫, partager avec Lui la conscience qu'il avait d'être l'enfant du Père······Et Luc éprouve le besoin de redire encore une fois, en termes légèrement différents: ≪*Jésus progressait en sagesse, et en taille, et en faveur auprès de Dieu et auprès des hommes*≫(Lc 2, 52),······et auprès de Joseph et de Marie plus qu'auprès d'aucun autre······

20. ÉCLAIRS SOUDAINS ET LENTE DÉCOUVERTE

Au point où nous en sommes de l'itinéraire de Marie, nous pouvons revenir sur l'ensemble de son expérience. Vous avez déjà remarqué comment le Seigneur l'a instruite directement, par l'intermédiaire de l'ange, mais aussi comment il s'est servi d'Elisabeth, de Siméon et de beaucoup d'autres.

Il est un autre aspect que l'on peut souligner. L'itinéraire de Marie est rythmé par des lumières soudaines, des illuminations rapides, fulgurantes, suivies d'une lente réflexion. Dieu tout à coup lui fait entrevoir en Lui, ou en elle—même un mystère qui la dépasse et la déroute. Elle est d'un coup transportée à une profondeur qui depasse ses capacités humaines de compréhension. Et puis, une fois l'éclair passé, qui vient de Dieu lui—même, elle se met en route pour se frayer un chemin jusqu'à cette réalité. Elle se tourne intérieurement vers ≪*son coeur*≫ où ces choses lui ont été révélées. En faisant usage de ses moyens propres, elle essaie de prendre pleinement conscience de ce que le Seigneur lui a révélé sur elle—même ou sur son Fils Jésus. Et cette longue démarche la conduit tout entière, corps, âme et esprit, jusqu'au mystère.

En cela, l'expérience de Marie est vraiment féminine. Elle n'essaie pas de la rationaliser, mais de la comprendre ≪*en son coeur*≫, ce coeur qui n'est pas à entendre ici comme le centre des émotions, mais comme ce que Thérèse d'Avila, dans le ≪*Château intérieur*≫, appelle le ≪centre de l'âme≫ ou ≪l'esprit≫. C'est à cette ultime profondeur d'elle‑même que Marie descend, quand elle réfléchit sur ce que Dieu fait en elle, pour elle et par elle. Elle arrive ainsi à une connaissance reçue ,de Dieu lui‑même qui dépasse l'émotif, mais qui pénètre au fond du coeur, par ce que l'on peut appeler la porte de l'esprit.

Il n'est pas sans intérêt de considérer ici certaines expériences spirituelles réalisées dans un contexte non chrétien. C'est ainsi que dans la théorie du Yoga indien, j'entends ce yoga qui va jusqu'à l'extrême de l'expérience, le centre de l'âme est appelé l'esprit. Cet ≪esprit≫, c'est le ≪je≫ fondamental de la personne. A ce niveau, le contemplatif entre en communion avec Dieu. On pourrait aussi donner en exemple certains aspects de l'expérience taoïste.

Ce qui, ici, caractérise l'expérience chrétienne, et singulièrement celle de Marie, c'est que Son Dieu n'est pas une divinité impersonnelle, générale et abstraite. C'est avec le Dieu personnel et présent à l'histoire que lui a révélé l'Ecriture que Marie noue, dans une foi nourrie de tout ce qui lui arrive à propos de Jésus, une relation d'amour de personne à personne. Et cette relation atteint un degré unique dans l'histoire de l'humanité.

Toutes les expériences dont l'évangile fait mention au sujet de Marie ont une exceptionnelle puissance révélatrice. Dans l'épisode du Temple, mise tout à coup et d'une façon bien concrète(une fugue, une disparition) devant le fait que son enfant est Fils du Père, elle découvre douloureusement que la soumission de son enfant à Joseph et à elle—même est l'image d'une soumission encore plus fondamentale et plus essentielle. Jésus ne peut vouloir que ce que veut le Père. En tout, il fait sa volonté.

Les paroles de Jésus ≪*Ne saviez—vous pas qu'il me faut être chez mon Père?*≫(Lc 2, 49) eurent sur Marie un effet fulgurant qui mit son esprit et son coeur en total silence. Elle ne comprit pas, et Joseph non plus. Après douze années de vie au contact de son fils, il lui fallait faire face à cette incompréhension pour entrer dans une nouvelle connaissance du mystère de son enfant.

Jusqu'à l'épisode de Cana, c'est—à—dire pendant près de vingt ans, il ne sera plus question de Marie. Mais pendant ces années où Jésus grandissait, Marie aussi grandissait: en connaissance de son fils et en intelligence de son mystère. Cette réflexion, elle ne la faisait pas seule. Son intimité avec Joseph l'aidait à réaliser ce que devait être l'intimité de Jésus avec son Père, car elle regardait Joseph avec un regard si pénétrant qu'en lui elle pouvait voir ≪l'image≫ du Père de son enfant. Et surtout, depuis l'annonce faite par l'ange, elle vivait en union totale', virginale, avec Dieu, celui que Jésus nomme ≪mon Père≫.

«Désormais toutes les générations me diront bienheureuse»
(Lc 1, 48).

21. MARIE A CANA

Jésus est parti de Nazareth pour commencer son ministère. Il est d'abord allé rencontrer Jean et s'est fait baptiser par lui, pour témoigner de la continuité de son ministère avec celui de son précurseur. C'est alors que le Père est intervenu d'une manière extraordinaire pour confirmer la mission de Jésus aux yeux du peuple, et aussi pour confirmer Jésus lui—même dans la conscience humaine qu'il a de sa filiation divine (Mt 3, 13 —17). En quelque sorte, au début de sa ≪carrière≫ le Père ≪lance≫ son Fils. Si le Christ avait encore besoin d'une confirmation de la part de son Père, il l'a maintenant; elle est en continuation de l'épisode du Temple et, déjà, elle annonce toutes les confidences que fera le Christ sur sa relation à son Père.

Après son baptême, le Christ est allé passer quarante jours au désert. A la sortie de son jeûne, il est tenté par le Démon qui l'invite à faire ses premiers miracles, mais il refuse car il se nourrit de la Parole de Dieu et non de celle du Satan (Mt 4, 4. Cf. Jn 4, 34). Quand il sort du désert et commence à prêcher, il n'a donc pas encore fait de miracle. C'est dans ces circonstances qu'il est invité à une noce à Cana, pas très loin de Nazareth. ≪*Et la mère de Jésus était là*≫(Jn 2, 2).

L'événement est mentionné comme ayant eu lieu ≪*le troisième jour*≫ (Jn 2, 1), le troisième après le témoignage rendu par Jean devant les envoyés des pharisiens: ≪*Je ne suis pas le Christ*≫(Jn 1, 20). ≪*Comme le vin manquait, la mère de Jésus lui dit: Ils n'ont pas de vin. Mais Jésus lui répondit: Que me veux —tu, femme? Mon heure n'est pas encore venue*≫(Jn 2, 1 — 4).

On peut interpréter la réponse de Jésus de bien des manières. Littéralement, il faudrait traduire: ≪Qu'y a — t — il pour toi et pour moi?≫ Ce qui peut vouloir dire: ≪Ce n'est pas notre affaire≫, ou encore: ≪De quoi te mêles — tu?≫[1]. Mais la raison que donne Jésus: ≪*Mon heure n'est pas encore venue*≫ peut nous éclairer sur ce qui se passe alors dans son esprit.

Tout Fils de Dieu qu'il était, Jésus a dû faire des plans pour son entrée dans le ministère évangélique. Il a réfléchi. Une question reste pour lui; quand va — t — il commencer à se révéler? Quelle occasion saisir? Il attend ≪*son heure*≫. Quand sera — t — elle venue? Il ne semble pas pressé de la faire arriver. Il attend le moment propice où son premier ≪*signe*≫(Jn 2, 11) aura tout son sens.

Il n'avait certainement pas projeté de faire un miracle à Cana. Il était simplement de la fête comme tous les autres convives. Un incident bien simple lui fournit l'occasion souhaitée: il n'y a plus de vin pour la noce. Marie veut aider ces gens. Elle sait que son fils peut tout car elle a eu le temps de réfléchir sur ce qu'il est. Le Père, qui a rendu

---

1) Traduction oecuménique de la Bible. Edition intégrale. Nouveau Testament — page 295, note w.

témoignage à son Fils, fait comprendre à Marie qu'elle aussi doit lui rendre témoignage. Et Marie rend témoignage à Jésus en lui faisant toute confiance. Au Temple, c'est Jésus qui avait rappelé à Marie et à Joseph qu'il devait être aux affaires de son Père. Maintenant, c'est Marie qui, au fond de son coeur, dit à Jésus: ≪Va, mon Fils, je sais que ton Père t'a donné tout pouvoir.≫

Alors ≪*sa mère dit aux servants: Quoi qu'il vous dise, faites −le*≫ (Jn 2, 5−9). On connaît la suite······≪*Tel fut, à Cana de Galilée, le commencement des signes de Jésus. Il manifesta sa gloire et ses disciples crurent en lui*≫(Jn 2, 11). Ainsi, Marie, comme toute mère le fait pour un fils qui se lance dans la vie, avait donné à Jésus l'occasion de prendre conscience des pouvoirs qui étaient en lui. On peut dire qu'elle fait ≪arriver≫ l'heure de son Fils.

Après quoi, elle rentra à nouveau dans le silence. Nous n'aurons, en effet, aucun mot d'elle dans tout le reste des évangiles.

22. ≪QUI EST MA MÈRE?≫

Lorsque Luc nous parle des femmes qui suivaient Jésus ≪*à travers villes et villages*≫, il énumère: ≪*Marie, dite de Magdala, dont étaient sortis sept Démons, Jeanne, femme de Chouza intendant d'Hérode, Suzanne et beaucoup d'autres qui les aidaient de leurs biens*≫(Lc 8, 1 −3). Quant à Marie, on ne sait vraiment pas dans quelle mesure elle accompagnait son Fils. Cependant, nous la trouvons mentionnée une fois avec d'autres personnes de sa parenté.

Après une discussion avec les pharisiens où il a parlé de ≪*cette génération mauvaise*≫(Mt 12, 45) qui ne comprend rien aux choses de Dieu, voici que Jésus trouve l'occasion de leur donner une leçon. ≪*Comme il parlait encore aux foules, voici que sa mère et ses frères se tenaient dehors, cherchant à lui parler. Quelqu'un lui dit: Voici que ta mère et tes frères se tiennent dehors: ils cherchent à te parler*≫(Mt 12, 46−48).

Que voulaient−ils dire à Jésus? Qu'avaient−ils dans l'esprit en ≪*cherchant à lui parler*≫? Il semble bien que cet épisode est différent de cette autre occasion où sa parenté cherchait à s'emparer de lui pour le réduire à la raison: ≪*Jésus vient à la maison, et de nouveau la foule se rassemble, à tel point qu'ils ne pouvaient même pas prendre leur repas. A cette nouvelle, les gens de sa parenté vinrent pour s'emparer de lui. Car ils disaient: Il a perdu la tête*≫(Mc 3, 20, 21). A rapprocher ces deux épisodes, on peut conclure que la parenté de Jésus s'inquiétait de sa conduite. Si certains étaient pour lui, d'autres étaient contre lui. Dans l'épisode de Marc, il est clair que certains de ses proches voulaient le ramener à la raison.

Il est facile d'imaginer dans quelle situation se trouvait Marie. De tous côtés on devait lui demander d'intervenir, de ≪faire quelque chose≫. Cela ne pouvait pas durer ainsi. C'était toute la famille qui se trouvait comme déshonorée par l'attitude de l'un d'entre eux. Si vraiment personne n'est prophète dans son propre village, Jésus ne semble pas l'avoir été dans sa propre famille!

Que pouvait dire Marie en réponse à tout ce que disait sa parenté? Après avoir subi cette pression de leur part à Nazareth, combien plus dut —elle la subir une fois arrivée là où Jésus avait fixé sa demeure provisoire, au bord du lac. Marie ne pouvait pas tout dire de ce qu'elle savait. Elle devait essayer de calmer les plus excités, mais, par—dessus tout, elle devait supporter cela en silence.

Marc ne mentionne pas la présence de Marie dans cet épisode; mais qu'elle fût alors présente ou non, elle a souvent dû les entendre dire: ≪Il a perdu la tête, qu'allons—nous devenir?≫ Que pouvait—elle ressentir lorsque ses proches déclaraient: ≪Mais il est fou! Il faut le faire taire; allons nous emparer de lui!≫? Quand donc un soir on vient dire à Jésus que sa mère et ses frères demandent à lui parler, il répond de manière à leur faire comprendre que leur lien de parenté ne leur donne aucun pouvoir sur lui. Ils ne péuvent prétendre avoir le droit de le faire taire, au nom de cette parenté.

A Marie et Joseph, au Temple, Jésus avait rappelé sa parenté divine. Aux Juifs qui se prévalent de leur titre de fils d'Abraham, il rappelle qu'il existe une autre parenté, spirituelle celle-là. Ici, Jésus donne une leçon semblable à tous les membres de sa famille. Non qu'il renie cette famille, mais il veut les initier à d'autres liens, leur faire soupçonner une autre fraternité: ≪*Montrant de la main ses disciples, il dit: Voici ma mère et mes frères; quiconque fait la volonté de mon Père qui est aux cieux, c'est lui mon frère, ma soeur, ma mère*≫(Mt 12, 49-50).

Il est certain que cette réponse de Jésus fut pour Marie l'occasion d'une longue réflexion, tout comme l'avait été la réponse de Jésus au Temple……Et cette réflexion la prépare à comprendre les paroles que Jésus, sur la croix, lui dira à elle: ≪*Femme, voici ton fils*≫ ……puis à Jean: ≪*Voici ta mère*≫(Jn 19, 26-27).

23. ≪FEMME, VOICI TON FILS≫……
≪VOILA TA MÈRE≫(Jn 19, 26−27)

Après les paroles de Jésus rapportées ci−dessus au sujet de sa parenté, il n'est plus question de Marie dans l'Evangile. Néanmoins, quand Jésus décida que le temps était venu pour lui de monter à Jérusalem et de marcher résolument vers la mort (Lc 9, 51), nul doute que Marie, elle aussi, tourna son regard vers Jérusalem, qu'elle y suivit son Fils pour cette Pâque qui sera la vraie Pâque, la Pâque ultime, celle de son Fils.

C'est ainsi qu'il faut voir la manière dont Marie prit part au déroulement de la mission de Jésus. a Cana, elle l'avait comme poussé à agir, à aller de l'avant, et Jésus l'avait fait. Maintenant, Marie accompagne son Fils. Ceci ne veut pas dire qu'elle le suit partout où il va, mais elle l'accompagne toujours par une attention constante à tout ce qu'il fait. Comme lui, elle a ses moments de peur. Parfois, son coeur est troublé. Si celui du Christ le fut, celui de Marie le fut aussi: il y a pour elle autant de peine dans sa compassion à elle que dans sa ≪passion≫ à lui.

Elle commence à comprendre ce que voulaient dire les paroles de Siméon. A mesure que le temps de la Passion approche, se dévoile le fond des coeurs, ainsi que Siméon l'avait prédit: ≪*Ainsi seront dévoilés les débats de bien des coeurs*≫(Lc 2, 35). Marie assiste à ce débat dans le coeur de ceux qui ont connu Jésus. Les uns le quittent, d'autres hésitent, ne sachant quel parti prendre. Le groupe des fidèles se fait de plus en plus petit, et Marie devient l'âme de ce groupe. Elle n'a pas à se demander que faire, elle ≪suit≫ son Fils et elle sait qu'elle va elle aussi, à sa manière, vers la mort: la mort de la Mère qui meurt de la mort de son Fils.

L'Evangile ne nous parle pas de la rencontre de Jésus et de sa Mère sur le chemin du Calvaire. Elle nous a été rapportée par la tradition mais nous pouvons la considérer comme vraie tellement elle est vraisemblable. (Si nous n'avions pas de textes écrits, nous recevrions plus facilement les traditions orales transmises par les fidèles.)

Nous retrouvons donc Marie au pied de la Croix. ≪*Près de la croix de Jésus se tenaient debout sa mère, la soeur de sa mère, Marie, femme de Clopas, et Marie de Magdala. Voyant ainsi sa mère et près d'elle le disciple qu'il aimait, Jésus dit à sa mère: Femme, voici ton fils. Il dit ensuite au disciple: Voici ta mère. Et depuis cette heure —là, le disciple la prit chez lui*≫(Jn 19, 25−27).

Ce texte est d'une simplicité étonnante. Marie se tenait debout; debout aussi se tenaient les autres femmes et Jean. Ils sont debout, comme Jésus est debout sur la croix, face au ciel, face au Père. Cette attitude de Marie a un sens. Elle n'est pas effondrée sous le poids de la douleur. Ce qui tient son corps droit, c'est l'esprit intérieur, la fermeté de son vouloir qui accepte le vouloir du Père, en union avec son Fils. Par cette attitude, elle montre que, comme son Fils, elle s'est relevée de sa peur, de sa peine, de son angoisse. Elle se tient debout, pleine de force et de compassion. Elle ne pense pas à elle. La Passion de son Fils est la sienne, sa mort devient la sienne.

≪*A partir de ce moment —là*≫, Marie n'est plus simplement ≪*sa mère*≫, elle est devenue la mère des disciples.

En Commentant le ≪*Voici ton fils —Voici ta mère*≫, l'Eglise a surtout souligné la maternité spirituelle de Marie à l'égard de tous les disciples de Jésus. Tel est, en effet, le sens le plus évident des paroles de Jésus.

Mais nous pouvons faire un pas de plus. Marie a donné à Jésus sa nature d'homme. Or, cette nature, il la partage avec l'humanité entière. En Marie, l'humanité retrouve ainsi sa filiation divine. En elle, tout être humain se redécouvre enfant de Dieu. Il est bon de relire les paroles de Jésus dans les perspectives non seulement du mystère de la Croix, mais également dans celles de l'Incarnation. Ici, au moment où son Fils va faire, par son obéissance ≪*jusqu'au bout*≫(Jn 13, 1), l'expérience humaine de sa filiation divine dans toute sa réalité, Marie, de même, va découvrir que, comme épouse du Père et mère du Fils par le pouvoir de l'Esprit, elle est ≪Mère≫ du genre humain. Par son union au Père, elle a donné à son Fils cette humanité en laquelle s'opère pour tout le genre humain le triple et unique mystère de l'incarnation, de la rédemption et de la participation à la vie divine.

Dans cette lumière prend tout son sens la parole de Marie dans son Magnificat: ≪*Oui, désormais, toutes les générations me procla —meront bienheureuse*≫(Lc 1, 48).

24. MARIE NOTRE MÈRE

Les paroles de Jésus à sa Mère et à Jean se sont profondément gravées dans la conscience et la sensibilité chrétiennes. Le danger serait d'en rester à cet aspect affectif, au risque de bloquer le chemin d'une compréhension plus profonde du mystère. Il est en effet bien certain que le Christ n'a pas seulement voulu toucher notre affectivité. Jamais il n'en reste à ce niveau.

Les paroles du Christ prennent de la profondeur et de la portée si on les remet dans la perspective globale de l'histoire du Salut en Jésus Christ. Sans entrer ici dans les débats théoriques concernant ≪le péché originel≫ ou ≪la nature humaine≫, contentons‑nous de reprendre les affirmations de saint Paul sur ≪l'économie≫ de la Rédemption.

Si, comme le dit Paul, nous avons tous péché en Adam, nous avons tous été sauvés dans le Christ. En effet, ≪*si, par la faute d'un seul, la multitude a subi la mort, à plus forte raison la grâce de Dieu, grâce accordée en un seul homme, Jésus Christ, s'est‑elle répandue en abondance sur la multitude*≫(Rom 5, 15). Cette grâce nous est conférée par le Christ ressuscité de la mort. Avec le Christ mourant sur la croix, toute l'humanité pécheresse est passée par la mort.

Eve avait été à l'origine de la première mort, mort à la grâce. Dans le Christ, cette ≪mort≫ même est livrée à la mort, et l'humanité est prête pour une vie nouvelle que le Christ lui offre. De ce salut en son sang, sa mère a été, par privilège inouï, la bénéficiaire dès le premier instant de son existence. première ≪re‑née≫ dans le Christ, par anticipation, elle se voit placée à l'origine de la vie nouvelle.

Et nous en avons vu les effets quand, prenant conscience, par la révélation de l'ange, d'être aimée de Dieu depuis toujours de façon unique, d'être ≪*pleine de grâce*≫, elle se trouve toute disposée à croire à la Parole de Dieu lui proposant d'être la mère du Sauveur de l'humanité tout entière.

Pour cette nouvelle naissance, il faut à l'humanité une mère, sinon cette rédemption ne serait pas une vie rendue, mais un simple rachat juridique. Le Christ est mort à lui‑même, mort à sa vie mortelle que Marie lui avait donnée. Il est allé plus loin: on peut dire qu'il est ≪mort≫ à sa mère, qu'il s'est dépouillé de cette relation filiale, comme, pour se faire homme, il avait ≪renoncé≫ à la gloire qui lui venait de son Père. Il avait ≪renoncé≫ en quelque sorte à son Père. Maintenant, sur la croix, il renonce à sa Mère. Il la donne à tout être humain pour qu'avec elle l'humanité renaisse à la vie divine, se retrouve ≪pleine de grâce≫.

Dans cette perspective, Marie est bien plus réellement et plus fondamentalement notre mère qu'Eve ne le fut. A cette lumière, tous les textes du Nouveau Testament qui nous parlent d'une nouvelle naissance dans la participation à la mort et à la résurrection du Christ prennent un grand relief. Nous sommes ≪re‑nés≫ dans le Christ, re‑nés dans le sein de Marie devenue dans l'Esprit, par sa participation au mystère de son Fils, la Mère de l'humanité entière.

C'est bien pour cela que ≪*toutes les générations la diront bien — heureuse*≫, comme Mère sauvée du Sauveur. Elle est près de son Fils à la racine même de notre regénération dans l'Esprit. Sachant à quelle profondeur elle est unie au Père, par le lien de l'Esprit, nous comprenons mieux qu'ayant engendré le Christ dans sa nature humaine, elle nous engendre sans fin et nous donne un visage semblable à celui de son Fils, Jésus. Tel est le mystère qui nous fut révélé au pied de la Croix et qui se manifestera plus tard quand Marie sera présente à la naissance de l'Eglise.

25. MARIE AU CÉNACLE

Après la scène du Calvaire, Marie à nouveau disparaît des récits des évangiles. Elle n'est pas avec les femmes qui sont allées au tombeau le matin de la résurrection. Dans aucune des apparitions, nous ne trouvons mention de sa présence, mais nous savons qu'elle n'est pas loin, puisque maintenant elle habite chez Jean. Il est fort probable qu'elle se trouve avec les apôtres et les amis de Jésus quand ceux−ci se réunissent. Il faut cependant attendre le départ définitif de Jésus pour la trouver mentionnée (Ac 1, 14).

Il y a toutes les bonnes raisons de penser qu'elle était présente au dernier repas que Jésus prit avec les siens (Ac 1, 4), avant de les conduire au Mont des Oliviers pour être témoins de son Ascension. Arrivé sur la montagne, Jésus bénit les siens et les envoya pour être ≪*ses témoins jusqu'aux extrémités de la terre. a ces mots, sous leurs yeux, il s'éleva et une nuée vint le soustraire à leur regard*≫(Ac 1, 8). Cette nuée symbolise que Jésus est entré dans un autre monde, pour vivre une existence différente de celle qu'il avait vécue sur cette terre. Elle est l'image du mystère······

Le Christ est entré dans la nuée, mais à nous les réalités divines sont encore cachées. Le temps n'est pas encore venu pour les amis de Jésus de traverser cette nuée à sa suite pour entrer dans la lumière de Dieu. Cette nuée, ils ne peuvent la traverser que par un acte de foi. Mais dès maintenant, ils croient que Jésus est rentré dans sa gloire. C'est pourquoi ils sont heureux et, comme le dit Luc, ils ≪*retournè*— *rent à Jérusalem pleins de joie*≫(Lc 24, 52).

Ils sont dans la joie aussi parce que Jésus, désormais glorieux, leur a promis l'Esprit Saint qui habitera dans leurs coeurset les instruira de tout ce que le Seigneur leur a dit.

Une fois Jésus disparu, les apôtres et les amis de Jésus rentrè—rent donc à Jérusalem. ≪*A leur retour, ils montèrent dans la chambre haute où ils se retrouvèrent·····Et tous, unanimes, étaient assidus à la prière, avec quelques femmes dont Marie la mère de Jésus, et avec les frères de Jésus*≫(Ac 1, 13—14).

Marie est là, au milieu des premiers disciples, parents et amis, comme La Mère. Mère de Jésus, devenue notre mère, elle est la mère de l'Eglise naissante. Par la puissance de l'Esprit, conjointement avec le Père, elle engendre et conçoit le corps mystique de son Fils. Ayant donné à son Fils son corps et son être d'homme, elle continue mystiquement ce rôle à mesure que l'humanité entre en communion avec son Fils. Elle est la mère de l'Eglise jusqu'à la fin des temps.

Les jours qui s'écoulèrent entre l'Ascension et la Pentecôte. furent des jours de prière et de veille. Avec cette petite communauté, Marie est en attente de la venue de l'Esprit. Elle y est l'inspiratrice de l'attente silencieuse de tous.

Mais son attente à elle a un caractère particulier. Au moment de l'Incarnation, elle avait perçu d'une manière absolument unique l'action en elle de l'Esprit Saint. Le jour de la Pentecôte, elle reçoit une nouvelle effusion de l'Esprit, mais cette fois−ci, elle n'est plus seule: elle reçoit l'Esprit au milieu de la première communauté chrétienne. Cette manifestation jette une lumière nouvelle sur l'action en elle de l'Esprit Saint depuis le début de son existence et confirme cette nouvelle maternité que son Fils lui a conférée sur la Croix. Mère de Jésus, elle est maintenant mère de l'Eglise……De cette Eglise, elle est lecoeuret l'âme. Il lui reste encore à devenir vraiment la mère de l'humanité entière. Elle est la Vierge humble et patiente; elle peut attendre cette heure en silence.

26. LE TROISIÈME SILENCE DE MARIE

Après la mention d'elle au Cénacle, Marie disparaît définitivement des récits du Nouveau Testament (ce qui est dit d'elle dans l'Apocalypse n'appartient plus directement à l'histoire). Marie est entrée dans le grand silence. Nous savons que Jean la prit chez elle, mais nous ne savons pas où Jean est allé. La tradition parle d'Ephèse; c'est tout à fait vraisemblable. Marie l'aurait suivi······Peu importe où elle vécut. Ce qui nous intéresse ici, c'est son silence et le silence qui est fait sur elle. Elle est maintenant silencieuse comme elle le fut durant la première enfance de Jésus, ce qui ne veut pas dire que son influence ne se fasse pas sentir dans l'Eglise naissante.

Dans ces perspectives, Marie est toujours la Mère, la mère de Jésus qui veille à la croissance de l'Eglise et l'entoure de prévenances maternelles jusqu'à la fin des temps, tant que l'humanité ne sera pas arrivée à son achèvement. Cet achèvement sera aussi celui du corps du Christ qui doit en lui ≪*réunir l'univers entier, ce qui est dans les cieux et ce qui est sur la terre*≫(Eph 1, 10). En ce long chemin de l'Eglise. Or Marie est là toujours présente, aussi discrète que durant la vie de Jésus. Les rares ≪apparitions≫ qu'elle fait occasionnelle−ment dans notre histoire ne sont que la manifestation d'une assistance constante, d'un amour qui ne se dément jamais.

Marie est mère pour toujours, mère de l'humanité régénérée dans sa nature profonde par la grâce du Christ. Ce grand silence dans lequel elle entre maintenant après l'Ascension, c'est le silence paisible de l'oeuvre accomplie. au Calvaire et après la mort de Jésus, son silence avait été douloureux. Maintenant, c'est un silence joyeux. Elle a le temps de relire toute son existence, en vérité si ordinaire et si peu ordinaire à la fois. Elle a accepté d'entrer dans le monde merveilleux des actes de Dieu. Plus elle pense à ce qui lui est arrivé, plus elle voit Comment tout cela se suit et s'enchaîne. Tous les pas qu'elle a faits ont maintenant un sens. Un fil d'or relie tous les instants de sa vie, et le plan de Dieu, ≪*le dessein bienveillant qu'il a d'avance arrêté en lui —même*≫(Eph 1, 9), lui apparaît comme un chemin de lumière et d'amour.

C'est dans cette dernière période de sa vie qu'elle dut faire part à Luc et à d'autres, je pense, de la manière dont Dieu avait agi à son égard. Il fallait bien qu'elle en parle. Elle devait cela à ceux qui étaient ses enfants. Comme Jésus avait tout dit aux apôtres ses amis, Marie parla à ceux qui étaient ses fils. Cela lui était facile. Rien de specta— culaire, rien de ≪miraculeux≫ au sens où on l'entend habituellement, mais le mystère en elle de l'union de Dieu avec l'humanité.

Pour cette union, Dieu ne l'avait pas emportée dans un monde féerique, où son imagination aurait été éblouie. Non, tout s'était passé aucoeurde ces choses si humaines que sont un mariage, une grossesse, une vie de femme. Et parce que l'événement extraordi—naire qui fut le tout de sa vie: donner naissance au Fils de Dieu, s'était accompli dans des conditions aussi simplement humaines que possible, l'oeuvre divine ne fut perçue que par elle, et par quelques intimes.

Pour Jésus, tout était consommé au moment de sa mort……Et pourtant, son oeuvre n'était pas achevée, car il n'était pas encore arrivé à son ≪*accomplissement*≫(He 5, 9). Il en est de même de Marie. Elle va vers son propre ≪accomplissement≫ d'une autre manière que son Fils.

Jésus est mort en pleine force de l'âge, offrant délibérément sa vie dans l'obéissance à son Père. Ainsi témoigna−t−il de sa divinité qu'il ne pouvait manifester d'une manière totale dans une existence humaine; ainsi, par là même, nous sauva−t−il de la mort.

Marie, elle, va continuer à vivre, en s'enfonçant dans une paix de plus en plus profonde. Ici me revient à l'esprit l'image du Bouddha mourant dans la paix, entouré de ses disciples. Le chemin du Bouddha est tout différent de celui du Christ. Mais je vois pour Marie quelque chose de ce genre. Je la vois s'accomplir elle−même en perfection dans une heureuse vieillesse (ce que ne put faire Jésus), et donner ainsi une figure admirable à ce mystère dont parle saint Paul quand il dit que ≪*nous portons le trésor*≫ de la vie divine ≪*dans des vases d'argile*≫(2 Cor 4, 7).

Marie savait bien que ≪*si notre demeure terrestre, qui n'est qu'une tente, se détruit, nous avons un édifice, oeuvre de Dieu, une demeure éternelle dans les cieux, qui n'est pas faite de main d'homme*≫(1 Cor 5, 1). N'est−ce pas de cette réalité que Marie se laissa de plus en plus envahir et habiter les dernières années de sa présence terrestre?

27. L'ASSOMPTION

L'histoire de Marie s'achève par sa mort, dont nous ne savons rien, quoique se soient échafaudés autour d'elle des récits divers. Le certain, c'est qu'assez tôt dans les milieux chrétiens apparaît une fête, celle de la ≪Dormition≫ de la Vierge, célébrant le dernier sommeil de Marie, sa mort paisible (et non pas violente, comme celle de son Fils), quand le temps fut venu pour elle de terminer sa vie terrestre. Pour utiliser le langage traditionnel de l'Eglise, Marie fut alors ≪emportée au Ciel≫ en son corps comme en son âme. Ainsi a−t−elle rejoint son Fils qui, le premier, avait ouvert la grande porte de la maison du Père.

Bien des chrétiens ont du mal à admettre cette ≪Assomption≫ qui, pour eux, n'est qu'une pieuse imagination des fidèles. Il est vrai qu'elle prend à contre−pied notre expérience habituelle. Mais à une époque où l'on est tellement sensible à l'unité de la personne humaine et où l'on insiste tellement pour ne pas séparer, comme si c'étaient deux choses, l'≪âme≫ et le ≪corps≫, à une époque où tant d'esprits n'hésitent guère à prétendre que ce que nous appelons l'≪âme≫ suit irrémédiablement le corps dans sa décomposition, est−il tellement incongru et impensable que ce soit le corps qui suive l'esprit dans une vie qui ne peut se terminer?

Le discours de l'Assomption est le fruit d'une longue réflexion de l'Eglise sur la foi dans le mystère unique de Marie. Elle y a reconnu, non seulement à partir des récits traditionnels mais à partir des autres données de la Révélation, l'expression la plus capable de rendre compte de cette foi et d'expliciter ce mystère en son achèvement glorieux.

Etant donné qu'en Marie la nature originelle n'a été ni déformée ni souillée, elle est demeurée totalement docile à l'Esprit qui, dans un souffle originel, lui a donné la vie. L'humanité de Marie est l'expression, ≪*l'image et la ressemblance*≫(Gn 1, 26), aussi parfaites que possible de la réalité divine. Durant sa vie entière, Marie, en son esprit, en son coeur, en son corps même, a été totalement docile à l'Esprit divin. Elle était animée par lui dans toutes les fibres de son être. Rien en elle n'échappait à son action. Autrement, elle n'aurait pas été capable de donner un corps, un coeur, un esprit au Verbe de Dieu.

Il faut essayer de mesurer ce que cela veut dire, qu'en elle, par elle, ≪*le Verbe s'est fait chair*≫(Jn 1, 14). Elle a participé à cette incarnation avec toutes les fonctions de son corps, toutes les capacités de son coeur, toutes lesh facultés de son esprit. Ce n'est pas simplement ≪*en elle*≫ que le Fils de Dieu est devenu homme, c'est ≪*par elle*≫. Or ceci met l'humanité de Marie dans une situation tout à fait particulière. C'est pourquoi il ne faut pas simplement considérer l'Assomption comme une faveur ou une récompense accordée par Dieu à la Mère de son Fils. L'Assomption s'inscrit dans la logique même du mystère de Marie.

Tout ce qui constitue un être vivant vient de l'Esprit qui lui communique la vie, la lumière et l'amour. Il n'y a pas de ≪lieu≫ d'existence hors de l'Esprit. Ce qui a séparé l'homme de l'Esprit, ce n'est pas son ≪corps≫ mais son péché. Dans le plan premier de Dieu, l'homme animé de l'Esprit devait rester pour toujours sous l'emprise de celui—ci, si bien qu'à la mort, l'Esprit pourrait reprendre le contrôle total de notre être. Ce que nous appelons l'être humain et toute son histoire devait être assumé par l'Esprit dans un retour à la source.

Ainsi en fut—il de Marie. Après sa mort, ou ≪dormition≫, l'Esprit, qui l'avait appelée à la vie, l'avait rendue capable d'être la Mère du Fils de Dieu et l'avait animée dans toutes les fibres de son être, assumait désormais et pour toujours la totalité de son être pour la faire vivre totalement et uniquement éternellement de la vie divine. C'est ce que, dans un langage symbolique traditionnel, nous appelons ≪l'Assomption≫ de Marie.

28. MARIE AUJOURD'HUI ET DEMAIN

Marie est la mère de Jésus et notre mère aujourd'hui et pour toujours. Elle n'a pas brillé par des oeuvres éclatantes, comme certaines femmes de notre histoire qui ont étonné les hommes par leur courage exceptionnel ou les ont séduits par leur mémorable beauté. Si elle est si célèbre, c'est pour avoir été aimée de Dieu plus que toute autre.

A cette prédilection, une seule raison: Dieu l'avait créée et choisie pour être la mère de son Fils. Dieu, ≪*qui a tant aimé le monde qu'il lui a donné son Fils unique*≫(Jn 3, 16), comment devait-il aimer celle qui allait concevoir ce Fils? Nous entrons là dans le grand mystère de l'être même de Dieu, dont nous ne percevons que quelques lueurs et que Jean a exprimé en trois mots: ≪*Dieu est amour*≫(1 Jn 4, 8 et 16).

Cet amour, Marie s'y est livrée dans sa vie humaine de femme. Elle l'a vécu comme toute femme vit l'amour, mais avec une totalité, une profondeur et une intensité qui n'ont d'équivalent chez aucune autre. Tout son être a été impliqué dans l'Incarnation. Aussi, même son corps est-il entré dans la gloire du Père sans attendre la fin des temps et la seconde venue du Christ. Pour elle, le Christ est déjà venu, venu totalement. Le Christ étant entré le premier dans sa gloire, il se devait d'y faire entrer sa mère, sans attendre la fin des temps. Marie, d'ailleurs, par sa relation à la Trinité, échappe aux contraintes des temps. Si le Verbe de Dieu s'est incarné quand le temps fut venu……Il triomphe du temps, et donne à sa Mère d'en triompher aussi. Comme le dit E. Schillebeeckx, en Marie, c'est dès maintenant que ≪le salut concerne tout l'être humain, corps et âme (……) sans qu'elle doive attendre comme nous la fin des temps≫[1].

Marie a rejoint la source de toute vie, de toute lumière et de tout amour. Elle est retournée à ce lieu divin d'où elle est sortie avant tous les temps, ≪le sein du Père≫. C'est dans les perspectives de cette relation essentielle qu'il faut la contempler Mère du Sauveur. Elle est, avec et par le Sauveur, au noeud de la relation de Dieu avec le genre humain et la création entière. Elle est, avec et par le Verbe qui s'est incarné en elle, la pièce maîtresse du plan divin après la faute de nos premiers parents.

Glorifier Marie, ce n'est pas rajouter des épithètes ou des qualificatifs, et accumuler des louanges……Glorifier Marie, c'est lui reconnaître la gloire qu'elle avait depuis toujours aucoeurde la Trinité. L'actuel approfondissement, dans la pensée chrétienne, du mystère de l'Incarnation dans sa double réalité divine et humaine a pour heureux effet de recentrer toute l'attention sur le Seigneur Jésus. Et voici qu'une intelligence plus profonde du mystère du Christ ne peut qu'entraîner une approche plus exacte du mystère intérieur de Marie, sa Mère.

---

1) E. SCHILLEBEECKX. ≪Marie, Mère de la Rédemption≫. Ed. du Cerf 1963, p. 83.

Dans les pages de ce **Livre de Marie,** nous n'avons pas craint de renvoyer ici ou là à la pensée de l'Orient. C'est que les grandes religions et philosophies de l'Asie ont une longue et riche tradition d'intériorité. Leurs recherches peuvent nous aider à suivre Marie dans le retour que, tout au long de sa vie, elle a fait sur son propre mystère intérieur, ≪*retenant tous ces événements en en cherchant le sens*≫(Lc 2, 19).

Ce retour en elle n'avait rien d'une recherche psychologique inquiète, et encore moins d'une complaisance en elle−même. Elle a vécu la véritable intériorité qui l'ouvrait sur l'ultime profondeur d'elle−même et sur la profondeur de Dieu.

En même temps, cette démarche intérieure la rendait attentive à ceux qui l'entouraient, et à l'humanité entière. Jamais femme ne fut à la fois plus intérieure à elle−même et plus ouverte aux autres.

C'est la grâce d'exception que Dieu lui a faite d'être ainsi le modèle parfaitement humain d'une personnalité merveilleusement sûre d'elle− même, totalement ouverte à Dieu et attentive aux hommes······

Et cela, qui était hier, se réalise aujourd'hui et demeure dans l'attente de demain. Marie, mère de Dieu, mère des hommes, l'est pour toujours.

瑪利亞之書

LE LIVRE DE MARIE

By YVES RAGUIN S.J.

翻譯這本書
使我也心充滿幸福
因為我也是個女人

前言

　　瑪利亞之書不可能是一本厚厚的書, 瑪利亞的嫻靜寡言, 及我們對她所識之寡, 使得我們不應該絮絮呱呱地談論她. 但也不宜以胡亂的臆想來填充見聞的空白. 爲更認識她, 更愛她, 我們有足夠的知識, 能寫出一些眞眞切切的東西.

　　天主首先向瑪利亞發言, 使她知道她是「滿被聖寵的」(路一: 28), 也就是: 得蒙全愛的. 天使向她說的幾句話竟使世人罄竹難以書盡, 因爲芸芸衆生中, 天主只對瑪利亞一個人說了這幾句話!

　　天主不多言. 所欲言者旣已說出, 祂便不再開口. 祂向瑪利亞傳送了信息, 就靜下來. 却叫依利莎白說話. 依利莎白言畢, 瑪利亞竟雀躍歡欣:

　　「我的靈魂頌揚上主, 我的心神歡躍於天主, 我的救主, 因爲他垂顧了他婢女的卑微, 今後萬世萬代都要稱我有福; 因爲全能者在我身上行了大事.」(路一: 47－49)

　　我之寫這本書, 便是追隨無數作家之後, 稱頌她的福份. 但我要爲這個時代羨她愛她的人們稱頌她的福份. 每一個時代都從瑪利亞的奧秘的嶄新的一面來看她. 從前也曾把她高舉成稟有異能的女神似的. 我想, 這是近年來人們對瑪利亞的態度比較拘謹的原因之一. 當然我們應除去那些把她造成騰雲駕霧的人物的神話. 不過, 現在談說她的時候又來到了. 在悠長的靜默之後, 我們又可以毫無拘束的談論她, 把她說的實實在在的: 天主最喜愛的女人.

　　瑪利亞和她兒子的歷史是相偕並進的. 今日對基督人性的敏感, 不能不使人發現瑪利亞的人性. 這本瑪利亞之書便試着明瞭這個女人的奧秘, 她因爲是主耶穌的母親而成爲天主之母, 但總不外是個女人, 決不是神仙.

　　我們要在聖言降生成人的視野之內瞻仰瑪利亞. 若把瑪利亞講成超人性的本體, 便失去了降生爲人的意義. 所以數十年來在人性中發現了天主聖言的努力現在也應結下了解瑪利亞奧秘的碩果. 子與母相映相彰, 一如子與父的相映相彰. 沒有人比瑪利亞的兒子耶穌更認識她, 也沒有人比耶穌的母親瑪利亞更認識祂.

　　是天主聖父親自把祂和祂聖子的奧秘傳授給瑪利亞. 在聖父面前, 她是完全的靜默, 她之所以寡言, 乃是因爲她的言卽聖父之言. 她所要說給我們的話, 就是她的兒子. 她只不過重複在加納婚宴中向僕役們所說的:「不論他說什麼, 你們就作吧!」(若二: 5). 這就是福音中瑪利亞所說的最後一句話. 除耶穌向她所說的話, 她沒有別的好講, 她永遠的言語, 就是聖父的話: 聖言.

　　自從寫了「基督及其奧秘」一書之後, 數年來, 我思忖着要寫瑪利亞之書. 一九七七年十二月八日它初具形貌. 我在彰化靜山, 忽地, 一句簡單的話, 從心靈浮起:「瑪利亞未離人性之初, 所以能懷孕天主聖言」. 從這直覺的一念始出之後, 我立卽寫下了前幾章, 其後數章成於一九八〇年十月, 也是在靜山之頂. 我願將此書獻給多少次與我分享他們對瑪利亞的見解與感想的朋友們.

一九八二年四月五日於台北.

第 一 部

瑪利亞的驚喜

不要怕, 瑪利亞, 你在天主前蒙了寵愛.(路一: 30)

VIERGE DE SAINT-GALMIER (XVIe S.).

一、瑪利亞未離人性之初

瑪利亞沒有從人性之初的太樸中游離出來， 所以能在她的本性內懷天主聖言之胎． 天主在她身上蓋了特殊寵愛的印證， 所以在她內天主的原始形孕絲毫未改． 在一切受造中間， 惟有她蒙受這份殊寵， 以爲更非凡的榮幸的準備： 成爲降生成人的聖言的母親． 這便是瑪利亞得天獨憐者的主要奧秘．

亞當與厄娃爲魔鬼所誘， 出離了人性之初的純樸． 瑪利亞， 相反地， 從未越天性一步． 她從未受魔鬼、世界或自我的蠱惑， 我們之稱她爲無玷者， 卽是此意． 我們不知道這殊寵究竟是怎麼一回事， 但我們相信．

瑪利亞稟有自天主心中躍入「有」了的人之初的完全純潔的天性． 天主的聖功在她內暢行無阻． 在她內那從天主發出的生命之源是晶瑩清澈的， 沒有一絲污染．

清澈的使她竟一無所知． 她的知道也一如不知． 泉源如何能看見自身的清澈? 光明如何能目睹自身的光華? 瑪利亞毫不費力的了解自己來自上主， 我們所引以爲難的， 在瑪利亞則易如反掌， 且是自然而然的， 因爲她從未脫本性的天然． 天使來時， 瑪利亞似乎沒有嚇到． 但他向她致敬說：「萬福! 充滿恩寵者, 上主與你同在」(路一: 28), 瑪利亞自忖這是什麼意思， 而「不安起來」(路一: 29)她之不安， 是因爲這樣的致候， 使她忽然明白天主對她的殊寵． 這才使她不安． 這種爲她是完全意想不到的．

天使對她說不要害怕， 顯然她曾悚然懷恐， 爲使她心安天使把曾向她說過的話， 用另一些字眼， 再說一遍：「瑪利亞, 不要害怕, 因爲妳在上主前蒙受寵愛」. 有史以來, 瑪利亞並非蒙受天主優寵的第一個人, 但她所蒙受的優寵, 却是空前絕後的.

她聽到這句話, 一道靈光穿透了她, 光耀了她. 天主聖神帶動她, 使她明瞭天主向她所發諭命的意義. 她忽然地了解其深度. 她看見這一切都是眞的, 不是她發現的, 而是她所蒙寵愛的圓滿呈現在她面前. 好似從她心射出的電光, 閃爍之間她明白了自己是「滿被聖寵的」, 「天主所愛的」. 她一聽天使的話, 便立卽相信, 而這立聽立信是空前絕後的經歷. 瑪利亞看見, 明白, 也喜歡她自己是「天主全愛的」.

這是她生命中的第一次頓悟. 其他人類自悟爲罪人之際, 瑪利亞自悟爲無罪者. 這是她對自我最深處的醒覺, 對她與上天關係深處的醒覺. 的確, 天使很可以對她說: 瑪利亞, 高興吧.

當然, 她不是這一刹那才被天主寵愛的. 她未生之初, 未受胎之始, 白無始之始, 天主便愛了她. 奇妙的「自反」, 奇妙的「自知」, 在天主的光照內. 如此知道自己從無始之始, 便身爲天父的愛女, 卽將成爲聖子之母的女人, 浩蕩無艮的喜樂.

PIERRE POLYCHROME (XVe S.). AUTUN, MUSÉE ROLIN.

二、這事如何能成呢?(路一:三四)

　　瑪利亞明白這個宣言在同一刹那之間就會發現．因此她只問一句:「這事如何能成呢」?(路一: 34)，只提出她和未婚夫若瑟尚未有夫妻的關係．若把這句話解作她永保童貞的決定並無不可，不過現在我們只消肯定她說尚未和男人發生夫婦關係．

　　瑪利亞提出實實在在的問題，天使也實實在在的回答:「聖神要臨於你，至高者的能力要庇廕你，因此，那要誕生的聖者，將稱為天主的兒子．」(路一: 35)簡潔明了，沒有一點加油加醋，沒有一點恬言蜜語，天主那方面向瑪利亞宣告了即將在她身上發生的事，如此而已．

　　而瑪利亞在心之深處體驗了天主愛了她，如此而已．她將以異於凡常的方式懷孕，不過這是由於天主特殊的行使，而她覺得這是自然而然的．在天主的一方，是毫無造做的表達了祂的全能;在瑪利亞的一方，既無神移，也沒有昏厥．這次天人際會，簡單的令人難解．瑪利亞和天主雙方都直接了當，而她明白了她是如何深深地蒙受愛憐:

　　瑪利亞是童貞女，她方才向天使說過，路加這樣開章明義「到了第六個月，天使加俾額爾奉天主差遣，往加里肋亞一座名叫納匝肋的城去，到一位童貞女那裏，她已與達味家族中的一個名叫若瑟的男子訂了婚，童貞女的名字叫瑪利亞．」(路一: 26－27)．說的是一句實話: 瑪利亞是童貞女．她是童貞，主要不是因為她不認識男人，而是因為她「認識」天主，天主也「認識」她，這樣的認識，使得她不能永遠是童貞女．

　　瑪利亞之永保童貞，是由於聖神的德能．她之與天主父相際會，也是由於聖神的德能. 這際會具有獨一無二的品質. 瑪利亞和生命之源, 天主聖父結合爲一, 其結合是如此地獨特, 令人無法想像她如何能在婚姻生活中仍舊保持童貞. 可以說她對天主的有命必從, 使得她永遠冰淸玉潔.

如今除了天主聖神在她極隱密的內心所給予她的保證之外, 已不需要其他保證. 但爲了使她安心, 並爲了使她知道若想與他人道說此事, 應去找誰, 天使告訴她「且看你的親戚依撒伯爾, 她雖在老年, 却懷了男胎, 本月已六個月了, 她原是素稱不生育的, 因爲在天主前沒有不能的事.」(路一: 36－37). 爲使瑪利亞相信天使的話, 以上的證明是沒有必要的. 但她還是立卽去探訪她的表姊……她有人可訴衷曲, 不須向若瑟提出片語隻字.

瑪利亞領悟了天主對她的愛, 以及她初性的純潔. 她不需作態, 也不需驕僞謙虛, 只抱著愛, 向天主的愛作了完全的自我交托「瑪利亞說: 看! 上主的婢女, 願照你的話成就於我罷!」(路一: 38) 這樣, 她向天主在她身上所行的事: 使她成爲聖子的母親表示同意. 偉大的奧秘成就了……「天使便離開她而去」(路一: 38).

三、雙重形象

天使以所有知道自家宗教傳統的以色列人所熟知的詞句，爲瑪利亞解釋她麟兒的身份．天主原不說人類的言語．我們不必推敲聖史如何構造出那番對話，只須接受那番對話所傳給我們的信息：天主要瑪利亞所了解的，實際上遠遠的超過了路加的文字所能啓示給我們的．

瑪利亞問道：「我是童貞，這事如何能成就呢？我沒有和男人發生夫婦關係啊」，天使爲她解釋了她將如何懷孕．她所生的兒子不是若瑟的兒子．她懷孕是由於聖神一個特殊的行爲，而聖神就是天主在受造內川行不息的能力．瑪利亞是由於聖神，天主元始的氣息而懷孕．所以這孩子將是「聖」的，並將被稱爲「天主之子」：方式獨特的天主之子．這是聖史要我們了解的．

曾聽見人說耶穌很不妨是若瑟的親生兒子，同時也因爲聖神的特殊動作而爲天主之子．這原本是可能的，因爲「爲天主沒有不可能的事」．但這決不是福音的意思．我們要忠於福音的字眼，以及聖史的用意，不應對這信息妄加註解．耶穌是以獨特的方式受胎的．凡人類都是天主的兒女，而耶穌則以絕對的方式爲天主的子女．信息的力量在於此．

其實沒有什麼可怪的．世上一切的宗教，都在人性的極深之處，藏伏着一個願望：人不僅源自於天，且他自己就是神．這是我們本質深層所隱藏着的原態之一．若一旦我們在路上遇到一個人，能說：「你夢想能夠成爲的，我就是」，我們何不額手稱慶呢？全人類的夢想在耶穌身上實現了．這不凡的事實，爲我們有不可思議，但眞眞確確的後果：我們在耶穌內變成袍，變成聖父所愛的獨生子女，這是第一個形象：天主之子．

　　而天使又描繪出另一個形象:「他要爲王統治雅各伯家, 直到永遠; 他的王權沒有終結.」(路一: 33) 這嬰兒也是名門之後. 瑪利亞和若瑟一樣, 必須是大衛的後裔, 這孩子要永遠統治「雅各伯的家屬」. 這是很要緊的. 將要由瑪利亞所生的孩子, 是人類整個傳統, 以色列全部精神的承襲人.

　　第二個形象, 和第一個形象, 爲使瑪利亞了解她兒子的爲人, 是同樣不可或缺的. 可能在她心靈中榮華富貴的記憶, 又一重溫. 這不是不可能的, 因爲她知道她的兒子將是一位偉人……但她實在無法想象她的兒子究竟是何等人物. 她將時時全神貫注, 看天使的信息, 如何實現.

　　爲使瑪利亞在身體內懷孕她嬰兒之前, 先在精神和心靈中懷有他, 這兩個形象, 都是必要的.

　　這位天主之子眞是人的兒子, 亞巴郎的子孫, 以色列的後裔, 她的麟兒. 一如任何母親爲腹中嬰兒所作的, 她給了他一個身體. 聖保祿所說的驚人奧秘, 在她身上將要實現:「但時期一滿, 天主就派遣了自己的兒子來, 生於女人, 生於法律之下」(迦四: 4)若保祿能肯定的告訴門徒們:「爲證實你們確實是天主的子女, 天主派遣了自己兒子的聖神, 到我們心內喊說: 阿爸, 父啊!」(迦四: 6), 耶穌豈不更是因這里聖神而成孕? 我們因聖寵而成爲天主的子女, 她却因着本質與天性就是天主之子.

LA VIERGE ET L'ENFANT (XVᵉ S.), ÉGLISE DU LUAT.

四、天主把瑪利亞作成什麼

我們很知道一些教友們對瑪利亞的熱心敬禮，但不太知道天主把她塑造成什麼．而要緊的是後者．世世代代，人們試著明白天主藉著她所作的事，祂如何藉著瑪利亞向全人類，尤其向那些信仰她兒子的人，證明了祂的愛．我知道，這是一個人類永不能滲透的奧秘．但坐在井沿，俯瞰一鏡之水，也可以觀看它所反映的萬里晴空．

這奧蹟是成就在瑪利亞本體的極深處，因此而深不可測，何況天主爲她所作的，也是超乎我們理解的行爲．但瑪利亞終究是人．所以我們捫心深覷，再深覷瑪利亞的內心，相形之下，可以窺見一線曙光．天主在她身上成就了大事．祂也在我們身上成就了大事，當然沒有祂在瑪利亞身上成就的那麼大，但從祂在我們內的行動，我們可以猜測到一點祂在瑪利亞內的行動．

我們觸及到人類認識力的一個基本問題．要認識我們自己已經需要極大的努力……最後還是徘徊於邊緣之上．但天主也給我們一種直覺，能悟解祂創造我們時把我們作成什麼．

突然地，在祂的光照中，我們的視線耀入我們本質的最深層，它的中心，於是我們知道我們是按祂的形象造成的．「天主說：讓我們照我們的肖像，按我們的模樣造人」(創一：26)．這就是祂爲我們所作的……天主若讓我們沐浴於祂的靈光，而體驗此事，我們眞是幸福．這是超乎我們一切希望的美滿經驗，因爲我們的肉身是有限的，而此經驗是無限的……

而瑪利亞一聽天使的話，便在一刹那的光照中明白天主在她身上所行之事，祂把她造成一個「形象」，一個人類所能達致的最完美的天主的形象．在一剎那間，她被吸引返回她的中心，她自我的極深層，在那兒，天主塑就了她．天主沒有把瑪利亞塑造成女超人，而把她造成女完人，女「眞人」，比亞當厄娃從天主手指下化生出來時更完美．

世上的神秘家都努力反本歸源達成「完人」與「眞人」．瑪利亞不需再造，她不需一番努力，以再達致太樸不散的境界，自無始之始，她是眞受造，眞女人．

道家的至高境界不是聖人而是眞人，眞人是找回自我本原的人，瑪利亞在人類中是完美的．天主造了她，她便保持了原始的純淨．她只稍遇見伊利莎白，便更深一步的了解這一點，於是因天主，她的救援者而歡欣．

天主把她造成完美的受造物，而能成爲祂聖子的母親．因特殊的優寵而成爲完美的女性，不因超人之德，而因完全是人，却完全的天眞，而可稱是奇妙的．

充滿了她的優寵不把她高舉於人類條件之上，却穿經她一身的纖維而行動着．這不是覆蓋她的一件外氅，却是滲入她本質的愛，使她能身懷天主聖父之子．

以上是用另一種語言來道說她是「始孕無玷」的，罪惡不曾絲毫拂拭過她最隱密的本質．這方面，她很不像我們以親身的經驗，知道什麼是罪，天主把我們造成祂的活肖像，我們却損壞了它，而以爲人天生性惡．若看一下瑪利亞，便該相信天主造了沒有罪惡的我們．是因爲我們濫用自由意志，而使罪惡進入我們的心，看一下天主怎樣造了瑪利亞，我們可以管窺人類．不像瑪利亞那樣向天主說全心的「唯」，却對蛇說「唯」以前，是何等樣子．

五、主的母親

當瑪利亞向伊利莎白施禮時，後者腹中的嬰兒歡躍不已，而伊利莎白叫道：「吾主的母親臨我這裏，這是我那裏得來的呢?」(路一: 43). 天主把瑪利亞造成什麼? 祂把她造成自己的母親，眞的天主之母! 天主不僅使她成爲自己聖子的母親. 瑪利亞其實就是天主之母，這是天主給她的能力.

瑪利亞竭已之力，投身於天主聖言的懷孕與降生. 我的意思是說不僅應存想天主藉着瑪利亞而成之事，天主給予她的能力，好像她只不過是上主的一件工具. 首先，我們應該觀看她是什麼. 天主眞的把她製造成自己的母親，而瑪利亞和天主之間的關係又是配偶的關係.

天主造人時已將自己的生命注入人的生命. 如今這份投注更是偉大. 造人之時，她投入這個時間，有空間，有血肉的，祂自身肖像的生命. 這次，祂卻以絕對的方式投入她自己. 萬物之主，「光榮的君王」(廿三: 7)，因了瑪利亞的媒介，而度人類的生命.

若望的一句話描述天主如何投入人類的生命：「於是聖言成了血肉，寄居在我們中間；我們見了他的光榮，正如父獨生者的光榮，滿溢恩寵和眞理.」(若一: 14). 而基督信徒乃創出一個字來稱呼這件事: Incarnation(譯者註: carnation 是血肉之意, In－carnation爲入血入肉之意, 中文常譯爲「取了血肉」). 天主進入人的血肉，由於這一個事實，瑪利亞成了「天主之母」.

我們稱之爲聖言，父的完美表達者，若望所謂「自始卽在」，「返回天主那兒」，且「就是天主」的一位(若一: 1)，就是他在瑪利亞的胎中「取了血肉」. 以上一切都是合乎邏輯的. 既然一切都是祂造成的, 既然祂自無始之始,就是萬物的生命,「人類的光照」, 則祂進一步而自造成人並非不可能之事.

此處我們觸及到萬物之主與其所造的人類的關係的奧秘. 在降生成人時天主與人類締結新的關係, 開啓這奧秘的鑰匙是由基督自己授與的, 祂對尼各德說過;「天主竟這樣愛了世界, 甚至賜下了自己的獨生子, 使凡信他的人不至喪亡, 反而獲得永生,」(若三: 16).

看一下天主自己投入世上的生命前後, 可以發現三個步驟. 第一是若望談論天主聖言所說:「萬物是藉着他而造成的; 凡受造的, 沒有一樣不是由他而造成的.」(若一: 3). 「絕對」與造物者和受造界的這種關係, 所有的宗教與教條, 祈禱中都有提及.

第二步是下面一句話所說:「在他內有生命, 這生命是人的光.」(若一: 4) 這一步我們可以從大多數的宗教與靈修學派中見到. 道家的哲學與神秘學對生命光照之說都耳熟能詳. 很多靈修學派的默觀止於光明. 所以靜觀的最高境界乃是明心見性, 進入無比的光華……

然而主與其受造界因其取了血肉而進入更密切的關係: 在生命與光明之外, 祂與人創造了愛的關係. 這是天主投入的第三步. 祂是生命的天主, 光明的天主, 最後更是愛的天主.

有些, 而非所有的宗教認知這愛的關係. 基督的宗教在這一點上是爲了人類的宗教經驗跨越了堅定的一步. 祂是生命與光明, 別的宗教也可以說祂是愛且能愛祂的受造, 這就是超乎意想之外了……而這就是基督信息的中心.

這信息第一次從天使的口中吐出:「天使進去向她說: 萬福! 充滿恩寵者, 上主與你同在!」(路一: 28). 它便從天主那兒吐入人世, 而接觸到人間. 這是準備天主與受造界在愛中合一的愛的信息. 基督要不住地重覆這一句話, 召呼我們愛天主, 接受父的愛, 一如祂自己愛了父, 並爲父所愛.

六、時間的滿全

當天使來晤瑪利亞時, 她旣不認識自己, 也不爲他人所知. 這會晤在人類歷史上佔有這麼小的空間, 却使時間與永恒相合併了. 這是人類與宇宙歷史最重要的時刻, 是獨一無二的永恒之門, 開啓了一絲縫隙. 天主要邁出驚人的一步, 眞眞超乎我們臆想的一步. 當天主造人時向人吹出祂聖神的生氣時, 已經邁出妙絶的一步; 如今, 祂不僅投入人類的歷史, 且投入人類的生活條件.

爲什麼此時此地祂派遣使者到名喚瑪利亞的少女那兒而完成了這一件事? 我們將永遠找不到答案. 我們以肉眼凡胎, 只覺這一切都似雪泥鴻爪, 如此而已. 天主的足跡印在人間的沙塵上, 誰能相信一朝會成爲事實? 很多宗教深信神仙降凡留下足印. 但此處神話變成了我們永無法想像的事實.

但天主的確走了一步. 我知道天使的出現使不少解經家感到不舒服. 在我們所常憑藉的一些象徵與形象之外, 事實就在眼前: 天主向瑪利亞投來了. 爲什麼在納匝肋? 爲什麼這個時辰? 爲什麼這位少女? 不要管這些我們無法了解的一大堆爲什麼. 接受這件事實吧. 最後只這件事實是要緊的. 這一切都是神奧救贖計劃的表達, 給我們啓示了天主的行爲是何等的無私.

保祿稱人類歷史的這一刻是「時刻的滿全」(迦四: 4)時間完成了它的工作, 人類準備好接受天主所邁出的我們稱之爲「取血肉」的這一步, 「同樣, 當我們以前還作孩童的時候, 我們是屬於今世的蒙學權下; 但時期一滿, 天主就派遣了自己的兒子來, 生於女人, 生於法律之下, 爲把在法律之下的人贖出來, 使我們獲得義子的地位.」(迦四: 3－5).

　　爲了顯現給人類，天主接受了人類歷史的節奏. 基督自己進入了時間的動力. 他將有他的「時辰」. 他從容不迫的等待這時辰，直到天主旨意與人類歷史的交會. 基督身爲天主之子，却情願親歷這漫長的人生道路，經過哀痛與喜樂，「且在達到完成之後，爲一切服從他的人，成了永遠救恩的根源」(希五: 9)[1]

　　而這時辰並不只是天主與人類時辰的際會，它乃是漫長的人類進化途程的終點. 要等到人類中能產生一位能做天主聖子之母的女人，的確她是無玷的，是天主所愛的. 而她還須修到我只能以「本質之精」來稱呼的境界. 天主自己也得等待時機的成熟.

　　研究一下人類的歷史，我們可見它的內在有一緩慢的進步. 有許多樸質與豐富的性格，不一而足. 瑪利亞是這些心靈，這些出類拔粹者中的一個，而她更是超絕群俗. 這是我們無法想像的，唯有她自己認識她的超絕. 我們只能在信仰中肯定這一點.

　　人類需要一段時間來產生瑪利亞，她是人類爲完成天主對他的計劃所走漫長途經的終點.[2]

　　這是我們人性的喜樂，它在多方面的確很寒傖，却產生了的確屬於我們人類種族的女人，也的確是由於天主的優寵，她達成了人類的完美. 受造界要用多少億萬年來產生出一位瑪利亞? 我們永遠不會知道. 我們只知道日子到了，天主的天使向一位少女說「你爲上主所愛」了.

---

1) 參看第二十六章.
2) 在道家的思想中，我們可見到尋求「絕對」的努力. 在不同階段的聖德上，有更驚人的品格. 而最高境界，乃是人類完美的極點. 這完美的本質稱之爲眞人，有完美眞性的人類. 道家哲學以「至人」爲達致完美至高者，「眞人」爲達至人性的眞實者. 完德不是天主教所說的進入「超自然」界. 但這完美的境界還要靠住在人最深處的絕對與超然的「道」的功能，才能達到……

七、瑪利亞和聖三

所以不必把瑪利亞捧爲神仙似的，來表揚她．只消以天主觀看她的深度來觀看她就好．天主向她垂青，覺得她披戴着她的愛寵，風華天生，美麗無比．天主把自己的美給予瑪利亞，使成爲她的美，她的優雅．不然的話，祂如何的能如此的愛她？

爲使她更美，祂使她更像自己，但不使她因之而出離其人性的條件．人的光采就是天主的光采．人越向天主內紮根，便越像天主，一面却仍舊是天主手中的卑微受造物．這就是瑪利亞的奧秘．寫在瑪利亞之書中的奧秘，也不過就是她的生命．

瑪利亞能在她女性的本質中懷孕聖父之子，是因爲她「能夠」接受神的「藍田種玉」．這種說法是屬於父系傳統的．在所有的人中，聖神都播下了神的稱子，使所有的人都是天主的子女．但在瑪利亞身上這神的種子是獨特的：聖神以絕對特殊並個別的功化使瑪利亞受孕，使她成爲聖父的淨配及唯一聖子的母親．由於聖神的功能而受孕的胎兒，是聖父的言，是「道」，是祂完美的肖像．

在身體受孕之前瑪利亞先在她「心」中，精神中，信仰中，懷了她的兒子．她向聖父的請求說「唯」時，是在意志的最深處懷孕了她．

瑪利亞的受孕必須成就在這樣的深度上，那兒，她與天主完全結合爲一．這樣精神上的受孕，只有她在天主面前完全的無我，方能完成．她完全地靜待神聖的動作，完全地接納聖神，完全地服役即將在她身上實現一個無限度超越她的奧秘的天主．而這奧秘就變成了她自己的奧秘了．非如此，她不是天主的母親.

　瑪利亞所受的胎兒不是天主尋常的肖像, 一如聖保祿所說, 「他是不可見的天主的肖像, 是一切受造者的首生者, 因爲在天上和在地上的一切, 可見與不可見的, 或是上座者, 或是宰制者, 或是率領者, 或是掌權者, 都是在他內受造的: 一切都是藉着他, 並且是爲了他而受造」(哥一: 15－16), 由於一個徹底獨特的命運, 天主所造的胎盤成爲祂聖子降孕的胎盤. 那擁有一切的神現在却被關在這女人, 古今前後, 千千萬萬女人中一個女人中的胎盤中, 那身爲萬有的生命的神却從她那兒領取原來受自於他的生命. 天主在人類歷史中的反向動作, 是多麼超絕的奧妙.

　凡在瑪利亞身上成就的一切都是天主不尋常動作的果實, 而假使瑪利亞不是已經自然地－若我能這麼說－準備好來接受它, 則這動作是不可能的. 在她內的聖三的肖像是在人心中可能有的最完美的一幅. 天主向她作出一個簡單的, 而又極特殊的手勢, 瑪利亞便被帶入聖三的親密關係中. 當然, 她度天主懷中的生命的奧秘, 自己並不完全意識到. 這當兒, 是天主生活在她胎盤中, 將自己啓示給她, 使瑪利亞在謙卑的人性中所能承受的來啓示天主自己.

　我們可以說瑪利亞在她人性的最深處已經是天主聖父的女兒、肖像, 和聖言了. 所以她比任何受造物更「能」成爲唯一聖父的聖子, 完美肖像, 絕對聖言的母親.

　神學的偉大的眞理: 自然界在基本的深度, 有超自然的能力, 便如此印證了. 事實不能不如此, 因爲天主如此創造萬物, 爲它們各按自己的程度成爲祂在自己本質內面目的肖像.

　瑪利亞如此懷孕了聖父之子, 而當一切一疑惑煙消雲散之後, 便在自己的胎盤中接受了永恒的聖言, 且因聖神的動作, 在她的人性中懷了祂: 而這一切的成就如此簡單, 如此自然, 如此謙卑, 我們可以結論說當瑪利亞接受了天主方面的信息時, 她已經生活於與天主何等的密切結合之中.

八、宇宙未有之前

宇宙未有，時間未開，天文學家所說的無定形之物未生之前，已有一位我們想像不到的神秘的個體在，我們無以爲名，因爲他的名字就是他自己，我們稱之爲天主．這是指他、名他的一個踏實的方法，因爲我們明知那不是他的名字．但我們明知呼叫天主時他聽到、傾聽、且回答我們．

宇宙未有之前天主已在．和祂同在，與他不可分離的，在其聰明，其在天主之內、外了解，判斷，行動的能力中存在着的，是他的上智，也就是天主自己．這上智表達天主最奧秘的實際；藉着這上智，天主把世界帶入「有」的境界．好似遊戲一樣，祂藉着上智，使萬有生於虛無．這並非本質上的虛無，而是萬物存在的虛無．祂藉着他的德能，他生命的鼻息，使全宇宙生動起來．他因他的「聖言」把生命給予它，而聖言成爲「人類的光明」(若一：3－4)．

自古以來在所有的宗教中人都夢想參與這創造的行動．他總夢想存在於萬物始生之際，這獨一無二的，先於一切始點的時刻，在天主內是今天的時刻，永遠在目前的時刻．凡修到與天主最深刻結合的人都可以說：在無始之始，當天主創造之初．卽祂在永恒的現在創造萬物時「我也在」．

基督教傳承認爲瑪利亞是完美而眞實的個體的，也認爲她在時間之始，萬物未有之先已存在於造物者心中，在祂思想的深處．箴言書對在造物者身邊的上智的描寫，教會也用在瑪利亞身上「上主自始卽拿我作他行動的起始，作他作爲的開端：大地還沒有形成以前，遠自太古，從無始我已被立；深淵還沒有存在，水泉還沒有湧出以前，我已受生；山嶽還沒有奠定，丘陵還沒有存在以前，我已受生．那時，上主還沒有創造大地、原野、和世上土壤的原質；當他建立高天時，我已在場；當他在深淵之上劃出穹蒼時，當他上使穹蒼穩立，下使淵源固定時，當他爲滄海劃定界限，令水不要越境，給大地奠定基礎時，我已在他身旁，充作技師．那時，我天天是他的喜悅，不斷在他前歡躍，歡躍於塵寰之間，樂與世人共處」(箴八：22－31)．

這就是不論道敎或基督信徒的神秘家們努力達致的返本歸原．愛克哈夫也說他曾，更好說他現在就在永恒的天主之內．這是不可再眞的，因爲凡有之物不能不先存在於天主內．我們沒有更好的字來表達，便說是存在於他的思想之內．

這就是瑪利亞本質的深度，無此深度她對做聖子之母的請求永不能回答一個絕對的「唯」．這「唯」字的根必須延伸入「神聖本質」深不可測的心中．如此，在聖言取血肉時這「唯」字完完全全地與聖父的行動相切合．在這聖父與瑪利亞共同發出動作中，聖父之靈－聖神和瑪利亞的心靈也盡可能的合而爲一．天主聖言在這聖父與瑪利亞共發的「唯」中，因着這「唯」，在瑪利亞內，因着瑪利亞取了血肉之身．

在這源自超乎一切人類願慾之外的「唯」字內，瑪利亞的童貞是完全的．她的「唯」絕對是童貞的，因爲它未經由任何其他受造之物．它也不能由任何其他的人來分用．若瑟是證人－也可以說是保證人．但他決不能參加天主聖言孕於瑪利亞胎中的動作．童貞懷孕的奧蹟就在這人爲的缺如及空虛之中而大放光華．因此福音說天使被派往名叫「瑪利亞的童女那兒」．她不是夢中仙子，而是我們家中的一位婦人．

九、瑪利亞的第一次靜默

瑪利亞的一生中有三次大靜默：在受孕之前；在懷胎待產期間；最後，她晚年的沉默：始於加爾瓦略，成於基督徒團體的中心.

瑪利亞的生命中還有其他靜默的時刻，因爲她始終無言關注着她聖子的奧秘. 但我所提出的三項靜默，的確劃定了聖母一生的三個階段，她全心關注天主在祂的奧秘中及在她及其聖子內的奧秘. 瑪利亞的三重靜默各有其特殊的意義，應該解釋一下.

凡靜默都與言語相對. 瑪利亞的靜默比一切人的靜默都要深刻，因爲它與天主的聖言，聖父永恒之言相對，爲接受這言語，眞得空除一切思想，意念甚至期待的沉寂. 瑪利亞把自己造成靜默. 更好說，聖父使她在祂面前成爲完全的靜默，好能有朝一日，一絲不苟的接受祂的聖言.

逐漸地，她習慣於靜靜地聆聽天主在聖經內向她所講的話. 逐漸地她學會了空除自我，空除一切世物，對天主奧秘全神貫注的靜默. 天主想她已盡力修習這靜默之後，便把她置於更深的靜默中，以便派遣天使給她帶來降世的信息.

面對默西亞降臨的奧秘，瑪利亞在這一刹那比多少世紀以來全以色列，所有的族長，君王及先知更沉默. 她把他們的靜默帶到極端，以便能在她的胎盤中承受天主的聖言.

所以在聖言取血肉之前，瑪利亞全是靜默，而她的童貞是在天主面前的完全沉寂，絕對聽命的沉寂最強狀，最清晰的標誌. 她的童貞便是對她懷胎者的等候，她不守候一個人，却守候着天主聖神. 身、心與精神，整個本體的無語. 知道自己被愛也熱愛着的女人的靜默, 等待着因天主的德能成爲天主之母的女人的靜默.

根據教會禮儀的言語(參看將臨期第四週進台詠), 瑪利亞和等待着天降甘露的大地相吻合. 這是個有其重要性的象徵, 我們不應說它們不夠「精神化」而輕視它們. 它們是象徵的精華, 隱含着宗教經驗. 比較理性的神學易於忽略的最簡單, 最基本的象徵却在最高, 最深的神秘經驗中取得完美的意義, 這一點很值得注意.

瑪利亞的期待不是我們稱之爲懇求的等待. 教會將臨期的禮儀中以熱烈的字眼表達對基督降臨的渴望, 基督的來臨的確要塡滿人心的空虛. 瑪利亞的等待却比我們更安全, 因爲, 我敢說她一點沒有我們心中給對天主的等待劃上界限的慾望. 她已修到和主的旨意如此符合的境界, 她的慾念已在一切慾念之外. 她不能知道天主要對她作什麽, 也不能知道天要藉她完成什麽. 她的靜默是完全的. 她的意志不再是她的, 而已經是聖父的意志了.

爲了承受天主聖言的全部, 不減減其一分一毫, 瑪利亞的靜默必須達到我們難以思忖的空寂. 不論如何, 她知道自己永遠不能「修到」足以一毫不減, 一絲不苟地承受天主聖言的靜默. 所以她說「是, 願按你的話成就於我」, 瑪利亞抱着同意, 藉着同意, 以一個和天主的行動相協的行動, 懷孕了一個孩子, 這孩子是聖父實質的言語, 也是瑪利亞人性的表達的極致. 在聖三的, 和全體受造物及人類的大默中, 瑪利亞成爲永恒聖言的母親.

第 二 部

耶穌的母親

十、進入歷史

天使向瑪利亞宣佈她將生一個兒子，要爲他取名叫耶穌，同時告訴她她的表姊伊利莎白雖然年邁也已經懷孕六個月了．爲什麼呢？毫無問題的，是爲堅定瑪利亞的信仰．的確，天使提出證據來：「因爲爲天主沒有不可能之事」(路一：37)．

但天使提出伊利莎白懷孕之事，也有人爲的原因．瑪利亞不能向她所愛的未婚夫訴說此事．她沒有權力告訴若瑟她是怎樣懷孕的．那是天主的秘密．但這位少女需要訴說，她不能單獨心懷秘密下去，她必須向一位了解她的人傾訴衷曲．天主很知道人心，所以讓她知道她的表姊也懷孕了．這樣，瑪利亞不覺得是孤孤單單一個人了．

我們可稱此爲瑪利亞所受的教育．從此以後，天主一面在她心之深處以神秘的方式向她說話，一面也藉着她周圍的人與她所際遇的人們和她溝通，啓示自己的計劃給她，並教育她．這就是神聖的教育法．

瑪利亞的經驗爲我們是寶貴的，因爲天主不常常以超乎尋常的方法，直接的給她靈感，告訴她該做什麼．她不是那種經常說：「天主告訴我，天主感召我」的人．她可能說：「天主使我明白，天主藉他人的媒介指導我．祂藉所發生的事來邀請我三思，逐漸地我明白了祂的計劃」．

瑪利亞的教育由伊利莎白的幾句話開始「大聲呼喊說：在女人中你是蒙祝福的，你的胎兒也是蒙祝福的．吾主的母親駕臨我這裏，這是我那裏得來的呢？看，你請安的聲音一入我耳，胎兒就在我腹中歡欣踴躍．那信了由上主傳於她的話必要完成的，是有福的．」(路一：42－45)

　　在這幅「往見圖」中，洋溢着喜樂，在聖神的行動下，全是歡騰．瑪利亞在領報之後，意識到一個偉大的奧秘在她內成就了……所以她急急去看她的表姊，找她說話「她於是快快離開」(路一：39)有什麼好等？一路之上，她一定好好準備要向表姊說什麼．也許她有些不好意思．但她確信一切都會圓滿的．表姊會好心接納她，也好心接納她的故事．

　　這一切都是世上最自然的故事的一部份．一位少女去看她的表姊，因爲她知道自己懷孕了，她盡量地準備這次會晤．天主沒有跟她說她得去，更沒有說她什麼時候得去，天使早回到天上去了．瑪利亞只再三思考該做什麼，她自己下了決心，就上了路．

　　天主眞的將就她少女的人性情況，知道她需要向人訴心．但她對自己情況的考慮，她的決意，都是由於使她成爲母親的聖神在她內心的感召，瑪利亞不見得有意識的知道這個．

　　而同一位聖神，天主的神靈，又使施洗小約翰在母胎中跳躍起來．小孩子的歡欣也傳給他此時充滿聖神的母親．她開言了，從她的言語中，她發現她明白了，也認識了她年青表妹的奧秘．那感發天主兒女的聖神把他們聯合在一起，並藉着相互的言談，啓示了天主的秘密．

VIERGE AU RAISIN (XVe S.). TROYES, ÉGLISE SAINT-URBAIN

十一、瑪利亞在主內歡躍

這不是街頭巷尾的俾官野史，全人類都和猶太一個小鎮所發生的故事有關. 瑪利亞一聽表姊伊利莎白的話，忽地明白她已進入以色列人民的歷史，以及全人類的歷史. 她明白她雖微小不足爲人道，却被天主所選，成爲他聖子的母親，全人類最蒙喜愛的女人. 她認出來天主是這全部傳奇的作者.

「瑪利亞遂說:
我的靈魂頌揚上主，
我的心神歡躍於天主，我的救主，
因爲他垂顧了他婢女的卑微，
今後萬世萬代都要稱我有福;
因全能者在我身上行了大事，
他的名字是聖的，
他的仁慈世世代代於無窮世，
賜與敬畏他的人，
他伸出了手臂施展大能，
驅散那些心高氣傲的人.
他從高座上推下權勢者，
却舉揚了卑微貧困的人.
他曾使饑餓者飽饗美物，
反使那富有者空手而去.
他曾回憶起自己的仁慈，
扶助了他的僕人以色列，

正如他向我們的祖先所說過的恩許，
施恩於亞巴郎和他的子孫，直到永遠.」(路一：46－55)

天主仁慈之愛觸到她，由她而接觸到全人類，所以她說瑪利亞是「有福的」. 天主取了人的血肉，這偉大的歷史在她身上開始了. 理所當然的，瑪利亞知道天主愛她的同時，亦知道全人類也愛了她，因爲那一天她是全人類的代表. 因着瑪利亞，在瑪利亞內，全人類認識了不可詮釋的愛，「天主竟這樣愛了世界，甚至賜下了自己的獨生子，使凡信他的人不至喪亡，反而獲得永生.」(若三：16)

瑪利亞的心靈歡欣雀躍，她整個的本體在聖神的行動下震顫. 她身心的一致，遠超過任何其他婦女. 天主在她體內取了血肉，她在天主的光明中看見自己是全人類的愛女之時，她整個的人不得不歡喜震顫. 她可以說她的血與肉，她的心與靈都在雀躍，那是被聖神所緊握，因聖神玄妙的動作而成人母的女人的快樂. 所以瑪利亞的歡騰是如此地簡單又如此的美，她的讚頌如此地清爽，沒有一絲的搔首弄姿…….

瑪利亞的人性多麼美妙，好似在天主的手指拂動下震顫，發出清音的琴瑟. 瑪利亞極純淨，極貞潔的本體，是裝配奇妙且完好的樂器，天主的氣息能使其絲絃顫動. 「瑪利亞啊，此時全世界都在歡騰，而只有你，你的表姊與小外甥知道這事」. 就是這樣，在人類歷史的最深處所發生之事，却只有極少數的人知曉. 但最後有一天這些秘密要被揭發，因爲「凡私下說的話，有一天要在公共場所和十字路口宣佈出來」(瑪十：26－28).

瑪利亞看得清清楚楚. 她知道天主在她身上做了什麼. 何況人類向她唱出的禮讚比起天主藉天使之口向她說的話實在不算什麼. 但我們可以把天主對瑪利亞的讚美詞與我們的歌頌聯合在一起. 瑪利亞不會掩目無睹. 她對自己的命運看得越清楚，越明白這一切是天主的功能. 她既是「在吾主內」喜樂，便不妨歡欣得痛痛快快.

她的心靈雀躍中看到天主的計劃. 她在自身歷史的光照下進入人類歷史的奧秘，以及天主對全人類的態度的奧秘.(路一：51－53)

　　眞的, 道學的思想屢屢强調的一點, 在瑪利亞身上奇妙地實現了, 卽「道」居住於自求空虛的心中. 道學賢人的眞言, 爲瑪利亞豈非更眞, 因爲她完全地自虛其心, 天主聖言竟來居住在她內. 道喜歡屈辱權能者, 而把驚人的能力給予最謙遜, 萬物之最卑下者, 這一個想法, 豈不在她身上實現了.[1]

---

1) 萬物絕對的根原: 道, 住在空無一物的心中, 是道敎神學的基礎. 莊子「少心篇」字字珠璣, 參看莊子第四卷. 入世篇. 道字謙虛的學說在道德經中處處可見. 參看拉爾神父所著道德經釋意, 劉河北正在翻譯中.

十二、瑪利亞第二次靜默

　　瑪利亞的第一次靜默是等待聖言的靜默．第二次靜默始於她在胎盤中接受了天主聖言，而懷孕了永恒之道．這不再是等待中的靜默，而是全神貫注於在她內實現的奧秘的靜默．她－一個女人自知珠胎已結，此外還有何想？她關注着自己的孩兒在她腹中的長大．一如所有的母親．

　　但事情却完全不一樣．她無法想像她的孩子長得像她的丈夫！但她如何能想像聖父的面貌呢？從沒有懷孕的女人得如此萬慮俱寂．她腹內的一個人類生命開始了，一如所有的女人，她可以想像．但她母職的特殊、神聖之處，她如何想像呢？

　　天使一去，她已開始過第二次靜默的奧秘的生活．當她稟告父母要去看伊利莎白時，可能有些激動．他們不會太驚奇的．無論如何，在她內心深處，面對不可解的奧秘，她是平安的，靜默的．她與伊利莎白的會面不能擾亂這份寂靜．後者的宣告與喜樂都不能動瑪利亞之心．而「吾靈讚吾主」不過是瑪利亞的內心生命：人類所未經驗的極深靜謐的表達．

　　當她和她表姊互相致意之後，瑪利亞立卽返回靜默．每個人有每個人的事．瑪利亞幫助她的表姊，並向表姊請教不能向自己母親詢問的事．無論如何，她內心的靜默是不能擾動的，瑪利亞對腹內逐漸長大的胎兒越來越全心注意．

　　在第二次沉靜的時光，她以自己的骨肉滋養着取了肉身的天主．無形無體的聖言在她腹內取了形體．聖父互古以來所說出的，也惟有她能了解的聖言，瑪利亞給了祂一個身體，一個表達．我們在希伯來書中聽到天主之子，基督向聖父說：「犧牲和素祭，已非你所要，却給我預備了一個身體」(希十: 5)這個身體，是天主藉著瑪利亞準備的，當瑪利亞無言面對天主之子在她內成形的奧秘之際，聖父也無言以對．聖三在靜默中．大地還不知它將藉着瑪利亞產生天主之子，而得救援，但也在靜默中．

首先瑪利亞在她表姊伊利莎白和她自己雙重的等待中靜謐度日．若翰洗者出生之後，小住一時，便帶着整個的靜默返家，身體的靜默，心的靜默，精神的靜默．

她表姊的經驗幫助她進入自己的經驗，現在她知道如何懷孕十月及嬰兒如何呱呱墜地．她帶着小若翰誕生時種種情況的記憶回家．表姊夫匝加利亞的歌仍盤桓耳際，她也不禁自問，誰將爲自己兒子的誕生而唱一首「讚美上主」？若瑟嗎?……但他不該高歌的，因爲他不是孩子的父親呀!

想起若瑟瑪利亞一定會傷心的，她不該說……日復一日，瑪利亞會發現懷孕之事已經可見……而天主聖父是靜默的，祂只一心注意着祂在聖子內所生活的偉大奧秘，藉着子，在子內，祂要在瑪利亞的胎盤內化而爲人．

她默默地把她所能給予的全部注意與愛給予她的孩子．她把他捧在心頭，輕憐密愛準備着把他交給這世界．她盡其可能的努力向他表示雙重的愛：聖父的愛以及她的愛，等待着若瑟得知奧秘之後，也和他們一起準備孩子的來臨．

十三、瑪利亞與若瑟

瑪竇在敍述中提起若瑟, 不像路加是爲了記錄天使的來訪, 而是爲了基督的祖譜,「耶穌基督的誕生是這樣的: 他的母親瑪利亞許配於若瑟後, 在同居前, 她因聖神有孕的事已顯示出來.」(瑪一: 18)

一位少女瑪利亞和一位青年若瑟訂了婚, 而這位青年的名字便在祖譜中. 他們的文定及婚禮都經妥當安排, 應該在最正常情況下進行. 怎麼會不? 當然可以想到瑪利亞原本不打算「認識」若瑟(見路加領報敍述), 但表面上直到現在沒有一件事脫離常軌. 若瑟必然像此時此地所有的未婚夫一樣; 瑪利亞許給他了.

按瑪竇福音, 似乎是瑪利亞身懷六甲之事已經明顯的時候, 若瑟明白了她快要爲人母.

他知道之後, 正如在這種境遇中的任何人, 他自問當如何處理. 福音的故事到了這兒才與衆不同. 若瑟爲達成忠義, 不肯錯待他所愛的女子. 她已懷孕, 他不能娶她爲妻了. 他對她的德行不懷絲毫的疑惑, 但必須按她和另一個男人有染而懷孕來處理, 爲從這古怪的情況中脫身, 他除了「暗暗休掉她」, 以免「當衆羞辱她」, 沒有別的法子(瑪一: 19).

毫無問題的, 若瑟在做這個結論以前, 曾再三思考, 對這問題的顧慮, 面面皆到, 以斷定是非. 可驚的是他取了決斷之後, 天主才來干豫,「當他在思慮時, 看, 在夢中上主的天使顯現給他說: 達味之子若瑟, 不要怕娶你的妻子瑪利亞, 因爲那在她內受生的, 是出於聖神.」(瑪一: 20)爲什麼遲遲不告訴他? 天主這令人難解的行爲只有一個原因, 簡單的很: 在聖言降世的整個過程中, 祂讓每一個參與的人按人性生命的法律過日子, 祂不太可能來干豫, 若祂來到世間一定在歷史事蹟的內部, 只要「完成」它, 不要取消它.(瑪五: 16)祂的行爲橫加攔阻人的安排, 却要穿挿在其內.

所以, 在若瑟按自己的想法, 認爲「義人」應做之事而決定去做的最後一刻, 天主派遣天使去揭示他的智慧所不及而無法猜測的主要事蹟: 「她要生一個兒子, 你要給他起名耶穌, 因爲他要把自己的民族, 由他們的罪惡中拯救出來.」(瑪一: 21)若瑟這個「義人」(此處這兩個字有了全部的重量), 於是接受了一切的後果: (瑪一: 24－25)

而若瑟「沒有認識她」, 却像丈夫一樣愛著他的妻子. 在這樣的愛中, 他眞正地成爲聖父與瑪利亞的愛的結晶的父親.

MAURICE DENIS, LA NATIVITÉ. COLLECTION VILGRAIN.

十四、耶穌誕生

　　默西亞必須生於達味祖籍白冷郡，世人以他爲若瑟的兒子，他生於若瑟家中，母親瑪利亞也得是達味後代．若瑟雖非耶穌血肉之親，按法律却是他的父親，所以他必須負責把妻子領回祖籍所在，以使耶穌被承認爲達味家中猶大支派的傳人．

　　這樣便使天主聖言化而爲人的誕生挿入猶太民族的歷史．天主來通知瑪利亞祂的計劃時，沒有命天神擁簇，把她捧入九霄雲外．不，相反地，祂來到世間，天主聖言不僅服從一切人類制下的自然法律，他也服從天主的法律，以及當時統治者羅馬人的法律．

　　所以戶口登記的命令一下來，若瑟便帶着身懷六甲，卽將臨盆的妻子來到白冷．他服從天使的吩咐，娶她過門，這時，決定一切的是他：啓程日期及所取的道路等．若瑟雖不是嬰兒之父，却擔起一家之主的責任來，做得頭頭是道，他是處處做得樸實無華，處處得其自然．

　　在路上瑪利亞有時間思考天使所說：「他將是偉大的，並被稱爲至高者的兒子，上主天主要把他祖先達味的御座賜給他．他要爲王統治雅各伯家，直到永遠；他的王權沒有終結．」(路一：32－33)，這幾句話的眞義逐漸透露光芒．她隨丈夫去到達味的祖城，而她的兒子，達味之子，將在那兒誕生．她沒有憂慮·若瑟現在已經知道她的故事，她愛他，也得他鐘愛，這份愛，支持她，愉悅她．喜樂在她心內的盈積，傳與她的胎兒．在若瑟心目中，這胎兒已具聖父的「人」相．

　　「他們在那裏的時候，她分娩的日期滿了，便生了她的頭胎男兒，用襁褓裹起, 放在馬槽裏, 因爲在客棧中爲他們沒有地方.」(路二: 6-7) 若說這是人的惡意所致, 本無不可, 所有的屋子都住滿了. 先到的先住下, 後來的無可奈何.

　因此這對年青婦夫下榻於畜圈之中, 可能不太舒服, 但至少可以安安靜靜住下來. 而且那兒有放滿乾草的馬槽, 奢華是談不上, 但爲瑪利亞和若瑟足夠了. 爲天主聖言的降生也足夠了, 他原不打算眞生在産房, 而要誕生於不識世事的牲畜之間.

　「他們在那裏的時候, 她分娩的日期滿了, 便生了她頭胎男兒, 用襁褓裹起, 放在馬槽裏, 因爲在客棧中爲他們沒有地方.」(路二: 6-7). 敍述得如此淳樸, 如此直接, 如此穿插於猶太民族的歷史及瑪利亞與若瑟的生平中, 面對此情, 只有試以赤子之心默然想像而已.(註: 參看聖依納爵「默觀聖誕」: 看那些人, 看聖母, 若瑟, 小婢女以及初生的嬰兒耶穌, 我自忖爲貧家的小子, 一個襤褸的小奴隸, 看着他們, 對越他們, 服侍他們, 像我就在場似的, 抱着盡我可能的謙恭尊敬. 然後在心內思忖, 以收取益處)(神操一一四條)

　的確, 天主成人的歷史如此穿插於一對年青婦夫的生命中, 使人不覺得有任何可異之處. 天主告訴我們祂在施於特殊優寵之後, 立卽使我們恢復本來面目, 過日常的生活. 這便是祂在世上行動的大奧秘, 祂悄悄溜來溜去, 隱而不現, 唯有已學到祂的秘密的眼睛, 才能洞悉.

<h1 style="text-align:center">十五、「至於瑪利亞……」</h1>

　　畜棚中，瑪利亞和若瑟守着嬰兒之時，附近野外發生了奇異的事. 我們要把幼年熟知的章節再唸一遍(路二：8－18). 福音的作者，以極自然的口氣，敍述道：「一大隊天軍」來「宣告耶穌的誕生」，以及他身份的高貴：「一位救主，就是主基督」給「露宿守夜看守羊群的牧人」.

　　這信息的「佈景」完全適合於其第一對像：　牧人. 而信息却也是向瑪利亞而發出的，又一次，天主不直接的，却經由他人的媒介，教導瑪利亞.

　　當牧人來到時她並不沉醉於對越之中，她傾聽牧人們的故事，她不說她比他們知道得更多，沒有什麼可以向他們請教的. 她的內心旣對上主的奧秘注意着，便能了解天使告訴她的「他將是偉大的，並被稱爲至高者的兒子，上主天主要把他祖先達味的御座賜給他. 他要爲王統治雅各伯家，直到永遠；他的王權沒有終結.」(路一：32－33)和牧羊人的故事乃是同一件事，以不同的詞令來表達而已.

　　「大家都驚奇」(路二：18)，瑪利亞也在內，不過她的感覺不同，因爲她在沉靜中，早已知道了如今這一片噪雜，一片燈火中人們帶給她的信息. 牧羊人繼續向要聽故事的人講個不停，瑪利亞却把這一切事浸透她的「心中」(路二：19))

　　她已超越了牧羊人爲宣講所用的繪形繪影，而進入玄機的本源. 這些簡單的人因所發生的事無法平靜下去，所以敍述不停，他們的話，却把她整個的內心挑動起來. 「至於瑪利亞却把這一切事默存在心中，反覆思想.」(路二：19))

顯然她存在心中的不只是牧人的故事，　而是自從天使來報之後所發生的一切．這樣，她越來越明白從領報後在她身上完成的偉大奧蹟．

她把心自反之際，不爲發現自己或認識自己而憂慮，她在完全無我的狀態中，轉向心之深處，以發現主在她內的行動，及愛她的聖言．……而她愛天主之愛竟變成了她的兒子，既無狂歡，也無神移，她只以平安與鎮定：一切都是內裏的．同時，她也接受着外來的信息．她生活於年輕母親的新鮮經驗之中：一面關注着自己的胎兒，一面快樂地享受若瑟充滿尊敬與溫情的關注．

這種態度是瑪利亞特有的態度，　所以在福音中失去少年耶穌的故事後福音又寫道：「他就同他們下去，來到納匝肋，屬他們管轄．他的母親把這一切默存在心中．」(路二：51)她的一生將要這樣全神貫注於她內心深處，及藉着他人唇舌向她說話的天主．

十六、瑪利亞傾聽

　　瑪利亞的一生總是在聽，在看．她聽了她的天主，聽了若瑟，聽了耶穌．她聽了伊利莎白，牧人，西默盎及老女先知亞納．後來她又聽了人們對她兒子的評論．在晚餐中她聆聽宗徒們，門徒們，耶穌的朋友們；其後她又聆聽新創的基督信徒團體所說的一切．瑪利亞對所見所聞的一切靜靜思考．她沒有編造一個幻夢的，理想的，不實際的，與世界的反應相隔絕的乾坤．她像所有的母親一樣的生活，無異於任何小城的婦女．她並不常被了解，也不比她的兒子更受人了解．母子連心，眞是不假．

　　她不用想像及永不實現的慾望來思考．她運用理解力來「知道」．天使向她發言，宣告她將懷孕時，她立卽思忖，運用她的判斷能力來考慮：「這事怎麼能成呢？我是個童女呀」(路一：34).天使乃帶給她一個新的知識：她藉聖神特殊的動作懷孕．她便接受這知識，而儲存在心中，以用於日後的分辨是非．當條條有理之後，她說出了世上最樸實無華的「唯」．

　　瑪利亞給了我們把信仰的眞理整合於人性的理智而作自由決定的極佳典範．她一生都是如此．她整個生命便是這樣度過：她把天主要求她參與的神聖奧秘整合於她的人類生命過程中．她決不作白日夢，想入非非，懷抱不滿現寶的理想，她永遠生活於此時此地，注意着她所作的事，所以她的一生，日復一日地在完成着她天主之母的使命．因爲天主之母的母職不只是產生耶穌．她得生活於她聖子的全部奧秘內……爲達致此點，她得付出生命的全部．

LA VIERGE MÈRE
ISSANT DU LYS.

VITRAIL (XVIᵉ S.),
SAINT-ÉTIENNE DE BEAUVAIS.

耶穌的確是「生於一位婦人且服從法律」(迦四: 4)而對法律的服從卽將給於瑪利亞聆聽天主所感應的人談論她兒子的機會. 嬰兒滿八天時, 受割損並由人起名爲耶穌(路二: 22－24)「按梅瑟的法律, 一滿了他們取潔的日期, 他們便帶着孩子上耶路撒冷去獻給上主」(路二: 22).

又有一次天主利用一位媒介來啓示給瑪利亞她兒子的奧秘, 和在伊利莎白的故事中一樣, 福音指出是聖神感應了西默盎, 瑪利亞知道是天主賜麟兒給她, 但由於西默盎的話, 她又有新的了悟「他的父親和母親就驚異他關於耶穌所說的這些話.」(路二: 33) 這就是認識上天的奧秘而又無窮無盡地發現其新光明者的驚喜.

不過爲瑪利亞來說她兒子的奧秘是快樂的, 也是痛苦的奧秘, 天主利用西默盎把她帶入耶穌生命史的這一頁中: 「西默盎祝福了他們, 又向他的母親瑪利亞說: 看, 這孩子已被立定, 爲使以色列中許多人跌倒和復起, 並成爲反對的記號－至於你, 要有一把利劍刺透你的心靈－爲叫許多人心中的思念顯露出來.」(路二: 34－35).

就在此時, 女先知亞納也來了「她年已八十」(路二 36－38)歡天喜地的向願意聽的人談論這個小孩……當她慶祝默西亞的來臨之際瑪利亞和若瑟抱着孩子回到家中, 滿心喜歡的衡量着西默盎的話.

十七、異星的出現與避難埃及

此地，瑪利亞的歷史中有三個互相連續的故事，賢士的來訪，避難埃及與嬰兒的屠殺，我們不必考據這些敘述，只要聆聽福音所說的；初期教徒團體便是這樣接受了，了解了它們．我們所要推敲的，是這些事實如何影響了瑪利亞，耶穌與若瑟的一生，繼之，在初期教會中它們對耶穌的門徒又有何等的意義．

瑪竇給我們報告賢士的來訪．他們「從東方來到耶路撒冷說：纔誕生了的猶太人君王在那裏？我們在東方見到他的星，特來朝拜他．」(瑪二：1－2)我們知道故事如何發展下去，黑落德如何召來民間的祭司及文士，問他們默西亞該生在何處，賢士如何在異星的引領下來到白冷：「他們走進屋內，看見嬰兒和他的母親瑪利亞，逐俯伏朝拜了他，打開自己的寶匣，給他奉獻了禮物，卽黃金、乳香和沒藥．」(瑪二：11).

爲瑪利亞來說，這是一個從猶太世界以外的國度來的新信息．她在賢士來訪時，開始看出她兒子使命的普及性．天主便這樣用祂所選擇，所感召的媒介們，各以適合於他們的方式，使瑪利亞覺醒於她自己的奧秘．我們也因此更明白精神的世界是多麼實際的世界．若肉眼不能洞察，爲精神之眼則非常具體．逐漸地，在瑪利亞心之深處，聖神的秘密信息變成可解的，和她自己的生存一樣的眞切．

LA VIERGE ET L'ENFANT (XIVᵉ S.). VOLETS DE LA VIE DU CHRIST (XVIᵉ S.).
ÉGLISE DE RAMPILLON.

黑落德不見賢士們歸來「那時，黑落德見自己受了賢士們的愚弄，就大發忿怒，依照他由賢士們所探得的時期，差人將白冷及其周圍境內所有兩歲及兩歲以下的嬰兒殺死.」(瑪二: 16)，但若瑟已經從天使領到命令「他們離去後，看，上主的天使托夢顯於若瑟說: 起來，帶着嬰兒和他母親逃往埃及去，住在那裏，直到我再通知你，因爲黑落德卽將尋找這嬰孩，要把他殺掉. 若瑟便起來，星夜帶了該子和他母親，退避到埃及去了，留在那裏，直到黑落德死去. 這就應驗了上主藉先知所說的話: 我從埃及召回我的兒子.」(瑪二: 13－15)，帶瑪利亞和耶穌去了埃及.

賢士來訪啓示宗敎的一個特色，天(或天主)藉星宿顯示自己，黑落德王的行徑則啓示另一基本特色，不論人願與不願默西亞來到世間，總有政治上的反應. 聽說「默西亞，猶太人之王」一名時，黑落德覺得受了威脅. 默西亞爲建立天主的國度而來，却使這個世界震驚. 凡舊約中以達味王朝的形象來描述基督王權的文字都扭曲了，基督時代猶太人對將要來臨的默西亞的觀念. 眞的，天主該覺得人類的字彙很有限……旣無更佳的字眼，祂便以我們聽得懂的話來向我們說，但那些不能聽懂天主言外之意的人則扭曲了神的思想.

所以因爲耶穌之故，瑪利亞和若瑟陷入一個超乎他們能力之外的問題. 而若瑟只好「帶着嬰兒與他母親逃往埃及」. 當權威被濫用之際，唯一的出路是逃命. 天主爲救自己的兒子也不得不出此下策，祂旣然決心在祂聖子內過人的生活，便不得不接受人類政治把戲的愚弄. 瑪利亞也將計就計. 因爲從此以後她全部的生命要與她兒子共榮辱，共存亡了. 而若瑟的使命便是按情理照顧所有的一切成就. 「留在那裏，直到黑落德死去，這就應驗了上主藉先知所說的話: 我從埃及召回我的兒子.」(瑪二: 15)

十八、孩子和他母親及若瑟

在瑪竇福音中，「孩子和他母親」一詞再三出現(瑪二：11, 13, 20)二人是分不開的. 因爲乳嬰沒有母親什麼也做不到. 瑪利亞和耶穌是人類歷史中最生死同命的母子, 若瑟也在並無時不在. 若瑟和瑪利亞的關係很難介說, 不過無疑的, 他對聖母聖嬰的照顧, 無微不至, 眞可說是不可見的天父最完美的人性表現了.

經歷了耶穌出生後幾件大事, 聖家像似所有的年青夫婦過着淳樸、平靜的日子, 關注着嬰兒. 在埃及避難時他們的生活是很不安定的, 大概住在移居當地已有數代的以色列僑民中, 我們不難想像那時的情況. 現在世上仍有不少難民等待歸家的日子, 若瑟便這樣等待着聖父指示他返鄉的一天.

仔細讀一下瑪竇對自埃及返鄉的描述(瑪二：19-23), 我們又可看出若瑟不是天上之父手中無靈性的傀儡, 正如他發現瑪利亞懷孕時一樣, 現當他在返鄉之際, 應考察四周情況而做決定. 他很怕回到猶太省去, 因爲阿爾赫勞登上父王黑落德的寶座, 他的決心又爲一次托「夢」所肯定, 很可能「主的天使」建議他定居在加利肋亞. 這個故事使我們更明白天主聖父如何干預他在嬰兒及母親身邊的代表: 若瑟的生命.

但若瑟對這些事的看法如何? 他雖非嬰兒的生父, 却以母親的丈夫的眼光來看一切. 若瑟和瑪利亞的關係是完全獨特的關係, 他是瑪利亞的丈夫, 但他代表那眞正「娶了她」的天主聖父. 不過聖父和瑪利亞的結合, 由聖神所完成的, 不是血肉的, 而是精神的結合, 同時, 若瑟和瑪利亞也藉着聖神過夫妻的生活.

若聖父只打算利用一次瑪利亞來給祂的聖子一個血肉之軀， 那麼耶穌呱呱墮地之時便完結了. 瑪利亞和若瑟不妨像世上夫妻一樣相依爲命, 但事實不如此， 聖父與瑪利亞的關係眞眞實實可稱爲夫妻的關係. 旣然對方是天主自己, 這關係便是永恒的, 而她也絕對是童貞的. 在精神的層次上, 在她本質的最深密處, 因着聖神的作用, 瑪利亞在「精神」的結合中完成她自己.

這是基督宗敎的傳承一直認爲瑪利亞在生產之前, 之時, 之後都是童貞的原因. 她與父的結合是童貞的, 永恒的－不朽的, 這便是說瑪利亞與若瑟超越肉情之外過着婚姻生活.[1]

這絲毫不排除他們愛情的眞實性, 他們的愛超過一切人間眷屬之愛, 他0神」. 在這精神的層次上, 天主生活着, 行動着, 「不需要任何媒介」[2], 而從神之深處所湧流的生命力量, 也從這層次上噴放出來.

---

1) 叁看第五章第二一頁, 第七章第三〇頁.
2) 神操第五條.

十九、「你們不知道嗎……」?

關於納匝肋的生活，福音作者們的筆墨至爲簡短. 如此惜墨如金，暗示耶穌是和其他所有孩子一樣長大的. 逐漸地， 他對周遭的世界有所醒悟: 從他的家，母親，父親; 到親戚，朋友，鄰居; 最後他的國家，同胞.

他爲什麼在這小鎮上居留了三十年? 只因非這麼多年不能成人， 更不能成一位在百姓中具有權威的拉比(教師). 孔子說:「吾三十而立」[1]

路加只用兩句話來描寫耶穌去聖殿故事之前的幼年生活: 「至於孩子漸漸長大而强壯， 充滿智慧， 天主的恩寵常在他身上.」(路二: 40)以上兩句中的動詞都表達進步與成長. 耶穌對他使命及聖子身份的意識必須在他人性的實際生活中逐漸具體化. 他早已具有不可言喻的知覺，但他的人性意識無法在一天之內，甚或一年之內便對他的知覺瞭若指掌. 他必須按步就班地成長，一如所有的小孩，逐漸從童騃進入少年.

聖殿的故事在耶穌成長的過程中有極大的重要性， 因爲這故事使我們窺見被瑪利亞若瑟所忽略的，在耶穌意識的深處所發生的變化. 日子過的很簡單， 孩子眞容易敎養. 耶穌第一次上耶路撒冷是孩子和家長間的第一次「問題」; 一向受敎，一向穩健的他忽然出走了， 他們無法解釋他的行爲:「孩子，爲什麼你這樣對待我們? 看，你的父親和我，一直痛苦的找你. 耶穌對他們說: 你們爲什麼尋找我? 你們不知道我必須在父親那裏嗎?」(路二: 41－49)

整整三天， 瑪利亞和若瑟面對他們從未經歷過的空虛與寂靜， 他們和

---

1) 論語十一章第四節.

別人一樣把一個孩子留在耶路撒冷了．到「第三天」(路二：46)他們找到他時－路加所強調的「第三天」遙應逾越節的三天，　耶穌銷聲匿跡於死亡中，第三天復活了，　返回到朋友們中間－他在他們眼前展現新的光明．　忽地，在這眞眞的神靈「暗夜」之後，　奧秘的內容爲他們徹底張開．　耶穌走失後三天的空白，爲使瑪利亞和若瑟從痛苦中明瞭孩子似乎逐日更加了解他是「聖父之子」，是必要的．而十二歲的耶穌被法律認爲成人之際也必須在他的人性內經歷一下，身爲聖父之子是怎麼一回事．

　耶穌跨過了成長的門檻之後，聖家又返回到平庸無奇的日子．「他就同他們下去了，　來到納匝肋，　屬他們管轄．他的母親把這一切默存在心中．(路二：51)．瑪利亞眞有得思考的．在痛苦中，聖神使她看透了她兒子的一點奧秘．現在她可以步出「暗夜」，分享兒子身爲聖父之子的知識……而路加要再一次以稍稍不同的詞句敍述：「耶穌在智慧和身量上，　並在天主和人前的恩愛上，漸漸地增長．(路二：52)……的確，在若瑟和瑪利亞面前，遠甚於在其他人前……

二十、頓悟與緩覺

隨着瑪利亞走到人生路程的這一節段，我們不妨回頭看一下她經歷的全部，我們看見主如何藉着天使直接地指教她.

我們還可以指出另一個特色，瑪利亞的路程有一種節奏：先是突然的光明，閃電似的靈悟，接着的是緩慢的思考，忽地，天主讓她在他或她自己內看見一個她不能了解的奧秘，使她驚惶不已，一刹那間她被帶領到超乎她人性了解能力的深度. 繼之，來自天主的光明逝去，她必須束裝啓程，一步一步地開闢抵達神聖實際的通衢. 她反「心」自省那些啓示給她的事. 她試着用自己的方式來徹底地明瞭主所啓示給她的，關於她自己以及關於她兒子耶穌的一切，這漫長的行程引導着整個的她：身靈與精神，抵達玄秘之門.

瑪利亞的經驗眞正是女性的. 她不推理，却試着「在心中」了解. 此處，心指的不是情緒的中心，却是大德肋撒在「七寶樓台」中稱之爲「靈魂的中心」，或「精神」者. 瑪利亞思考天主在她內，爲了她，藉着她所作的一切時，步入這極深的深處. 這樣，她修到來自天主自己，超乎一切情緒，穿透心之深處，跨越人們所謂精神之門的認識.

我們不妨考慮一下一些在基督宗教以外所完成的精神閱歷，印度瑜珈術的學說－我指的是達致經驗極端的瑜珈－把靈魂的中心稱爲精神，這「精神」便是人基本的「我」. 靜觀者在這層次上進入與神的契合. 也可以舉出道教經驗的一些例子.

至於基督教徒，尤其瑪利亞的經驗，有一特點，卽他們的神不是沒有位格的，泛泛的，抽象的神祇．瑪利亞的信仰是由發生在她身上，有關耶穌的一切所滋養着的，而在這信仰內，瑪利亞和有位格的，臨在於聖經所啓示給她的歷史中的天主締造了位格之間的愛的關係．　而在人類的歷史中她與天主間愛的關係，到達獨一無二的境界．

　福音所提到的瑪利亞的經驗有超乎尋常啓示的能力．她在聖殿的故事中，突然地以極具體的方式(出走、失蹤)面對兒子原是天父之子的事實，便痛苦的了解這孩子對若瑟和對她自己的服從只是一種更基本，　更主要的服從的反映．耶穌只能要他父所要的，在一切事上，他執行父的意願．

　耶穌所說：「你們」，(路二：49)好似雷電一般，把瑪利亞的精神與身心帶入絕對的沉默之中．她不懂，若瑟也不懂，他們和孩子共度了十二年的光陰，如今必須面對這份不解，以求更進一步地認識這孩子的奧秘．

　從此，直到加納的故事，瑪利亞要銷聲匿跡二十年．而二十年中耶穌逐漸長大的同時，瑪利亞也跟着長大，她對兒子的認識，以及對他奧秘的了解與日俱增．　她不是獨自一人在心中思忖，　耶穌與若瑟的親蜜幫助她了解耶穌與聖父該有多少親蜜．　因爲她以透視人心的目光觀看若瑟，　在他身上見到她兒子的「聖父」形象．尤其，從天使的宣告以來，她以童貞的身心過着和天主完全結合的日子，而這位天主，便是她兒子所稱的「父」．

第 三 部

基督之母

二十一、瑪利亞在迦納

耶穌離開納匝肋去開始佈道, 首先他去會見若翰, 讓他為自己付洗, 以證明他和他先驅的佈道工作是互相延續的. 聖父就在此時以不平凡的方式予以干豫, 為在群衆面前肯定耶穌的使命, 也為在耶穌的人性良知內肯定其聖父之子的身份(瑪三: 13-17). 可以說是聖父為祂的兒子行就職典禮. 假使基督需要父一方面的肯定, 那就是在這時刻了. 這和聖殿的故事是息息相連的; 且已決定了基督一生對這父子關係的信任心.

領洗以後, 基督到曠野裏去齋戒四十天. 齋戒初畢, 魔鬼來誘擾他, 勸他行第一個奇蹟, 但他拒絶了, 因為他的滋養是天主的話, 而不是撒旦的囉啾(瑪四: 4; 參見若四: 34). 所以, 他離開曠野開始宣講時並未行奇蹟. 於焉, 他接受邀請去到離納匝肋不遠的迦納. 「耶穌和他的門徒也被請去赴婚宴.」(若二: 2)

福音記載此事發生於「第三天」(若二: 1), 是若翰在法利塞人的使者前作證: 「我不是基督」(若一: 20)後的第三天. 酒缺了, 耶穌的母親向他說: 「他們沒有酒了. 耶穌回答說: 女人, 這與我和你有什麼關係? 我的時刻尚未來到.」(若二: 3-4).

耶穌的回答可能有好幾種翻譯. 一字一句地譯來, 應是: 「這與你和我何關?」, 也好說: 「這不是咱們的事」, 或「你管什麼閒事」1), 但耶穌的理由: 「我的時辰還沒有到」這句話可以使我們明白他心中想着什麼.

耶穌是天主之子, 不過也得做一個計劃, 如何從事宣揚福音. 他曾深思

---

1) 大公聖經譯本, 新約第二九五頁.

熟慮過. 有一個問題留在那兒: 他幾時才開始公佈自己的身份? 要利用什麼時機? 他等着「他的時辰」. 這時辰何時到來? 他似乎不急於讓它來到, 他等着適當的時機. 那時, 他的第一個「信號」(若二: 11)將具有全部的意義.

二十二、「誰是我的母親」?

路加談到跟隨耶穌「走遍各城各村」的婦女，數道：「有號稱瑪達肋納的瑪利亞，從她身上趕出七個魔鬼；還有約安納，卽黑落德的管家羅撒的妻子，又有蘇撒納，還有別的許多婦女，她們都用自己的財產資助他們」(路八：1 −3)，至於瑪利亞，她跟耶穌走了多遠，沒有人知道. 不過有一次福音提到她和幾位親戚在一起.

與法利塞人爭論這個對天主的事毫不了解的「邪惡的世代」後(瑪十二：45)，耶穌利用一個機會給他們一個教訓.「耶穌同群衆說話的時候，看，他的母親和他的兄弟，站在外邊，想要同他說話. 有人告訴他說：看! 你的母親同你的兄弟，站在外邊，想要同你說話. 他却回答那告訴他的人說：誰是我的母親? 誰是我的兄弟?」(瑪十二：46−48).

他們打算告訴耶穌什麼呢? 他們「想要向他說話」時，想的是什麼? 看來這個故事與耶穌的親戚聽人說他附有邪魔，而想勸他清醒一下的故事不同，「耶穌到了家，群衆又聚集了來，以致他們連飯都不能吃. 他的人聽說了，便出來要抓住他，因爲他們說他瘋了!」(谷三：20−21). 讀了這兩個耶穌家屬的故事，可以結論說他們對耶穌的行爲很不放心. 有人擁護他，有人反對他. 馬爾谷的故事顯示他的親人要勸他收歛一點.

也很容易想像瑪利亞的困難，大家都求她來干豫，「想個例子」. 這樣下去是不行的，好像整個家族都因一人的失行而顏面盡失. 沒有人在本鄉被尊爲先知，耶穌甚至不見容於自家人了.

　　親戚們言論紛紛，瑪利亞如何回答呢？在納匝肋她曾受過壓力，如今在湖邊耶穌的客居之地，她受的壓力又有多少？瑪利亞不能說出她所知道的一切．她必須試着叫大家靜下來，尤其，她必須一言不發的忍受這一切．

　　馬爾谷在他的故事中沒有提到瑪利亞的在場；不過她在場與否，都免不了一再聽人說：「他糊塗了，我們要受連累呀？」「他瘋了！我們得怎樣呢？」一個傍晚耶穌聽說他的母親和弟兄們來找他談會時，他的回答要使他們明白親屬關係對他沒有絲毫干豫的權力．他們不能以親戚身份強迫他閉口．

　　耶穌在聖殿中已經向瑪利亞和若瑟申明他和天主的親子關係．他也因爲猶太人以身爲亞巴郎後裔爲光榮，而警告他們另有一種精神的祖裔關係．此處他給了他的親戚們一個類似的教訓，他不否認他的家庭，但要他們還另有誼屬，另有手足之情：「遂伸出他的手，指着自己的門徒說：看！我的母親，我的兄弟！不拘誰遵行我在天之父的意旨，他就是我的兄弟、姊妹和母親．」(瑪十二：49－50)

　　耶穌的回答一定使瑪利亞反覆存思，一如在聖殿中的情況……這些深思，準備她的心，了解耶穌在十字架上向她說：「夫人，看你的兒子……」和向若望說的：「看，你的母親」(若十九：26－27)

COLLÉGIALE D'ECOUIS. LA VIERGE (XIVᵉ S.).

二十三、「夫人，看，你的兒子……」

耶穌談論親屬關係之後，瑪利亞在福音中又銷聲匿跡了．但當耶穌決定他的時辰已到，應走向耶路撒冷，面對死亡時(路九：51)，瑪利亞一定也迴首遙望耶路撒冷，跟隨她的兒子，去度逾越節，那真正的，至高的，屬於她兒子的逾越節．

瑪利亞參加耶穌的使命，就是以這樣的方式．在迦納她似乎驅使耶穌，要他採取行動，而他做了．現在瑪利亞却陪伴她的兒子．她不是跟着他走遍天下，但她恒久的注意着他的一舉一動，以心相伴，她也曾害怕，和他一樣．有時她的心慌亂無主，母子連心，她的同悲，和他的悲烈，同是錐骨刺心的．

她開始明瞭西默盎的話．苦難的時刻逾近，人心的隱私越被揭露，正如西默盎所說：「為叫許多人心中的思考顯露出來.(路二：35)．瑪利亞伴協着那些認識耶穌者心中的思考．有人離他而去，有人躊躇，不知何去何從．信徒的團體越來越小，瑪利亞成了這團體的靈魂．她不必自問何去何從，她「跟着」她的兒子，知道她也是在走向死亡：愛兒死時，慈母不能獨存，她從此是「心死」了．

福音不談耶穌和他母親在加爾瓦略山路上的相逢，是傳承述及此事，但我們可以相信那是真的，因為很像真的，(凡未經書承的故事，更容易由信徒口口相傳而沿襲至今)．於是我們看見瑪利亞站在十字架下，「在耶穌的十字架旁，站着他的母親和他母親的姊妹，還有克羅帕的妻子瑪利亞和瑪利亞瑪達肋納．耶穌看見母親，又看見他所愛的門徒站在旁邊，就對母親說: 女人, 看, 你的兒子! 然後, 又對那門徒說: 看, 你的母親!」就從那時起, 那門徒把她接到自己家裏.」(若十九: 25－27)

文字簡單得驚人, 瑪利亞站着; 若望和其他的婦女們也站着. 大家都站着, 一如耶穌站在十字架上, 面對着蒼天, 面對着聖父. 瑪利亞的態度是有意義的, 她沒有匍匐在痛苦的重量下, 她內在的精神結合她的兒子接受天父旨意的堅定意志, 支持着她, 直直地站着. 以這種態度, 她顯露出她的恐懼, 痛苦, 深憂. 她站着, 充滿了毅力與同悲. 她忘却自己. 她兒子的悲烈是她的悲烈, 他的死便是她的死亡.

「從此以後」, 瑪利亞不只是「他的母親」, 她已成爲門徒們的母親.

教會解釋「請看你的兒子, 看, 你的母親」時, 强調瑪利亞對所有基督信徒的母職. 這的確是耶穌的話最簡而易解的意義.

但我們還可再近一步, 瑪利亞給予耶穌他的人性, 而他又和全人類分享這個人性, 於焉, 全人類在瑪利亞中接受神子的身份, 人們都在她內發覺自己是上天的寵兒. 我們讀耶穌的話, 不僅想到十字架的奧秘, 也要想到取人血肉的奧秘. 現在, 她的兒子要經歷他這天主之子的眞實人性經驗「到底」(若十三: 1)瑪利亞這因聖神而成聖父的淨配與聖子的母親者, 要發覺她是人類的大母. 由於她和聖父的結合, 她把人類給了她的兒子. 而全人類也因而被捲入天主降生爲人, 救贖, 以及人類相參與神聖生命的三重奧秘.

瑪利亞在吾靈讚吾主中的詞句:「從今後萬世萬代都要稱我有福」(路一: 48)也就在這樣的理解中, 取得極完備的意義.

二十四、瑪利亞, 我們的母親

耶穌向他母親和若望所說的話深深地鑴刻在基督信徒的良知與感情內. 其危機是停留在情感的方面上, 而把對奧秘的較深了解給堵塞住. 確然基督不止要拂過我們的情感層面. 他從來不曾停留在這層面上.

要將目光普及於在基督救世的歷史, 他的話也就有了深度和重量. 我們不必對「原罪」或「人性」做神學的推敲, 只消重述聖保祿對救贖大計的肯定.

保祿說, 我們旣然都在亞當內犯罪, 也就都在基督內得救. 的確「但恩寵決不是過犯所能比的, 因爲如果一個人的過犯大衆都死了; 那麼, 天主的恩寵和那因基督「人的恩寵所施興的恩惠, 更要豐富地洋溢到大衆身上.」(羅五: 15). 這恩典是從死中復活的基督賞賜給我們的, 整個有罪的人類都在十字架上垂死的基督內大死一番.

厄娃是第一次死, 死於恩寵的根源. 這死已在基督內被制於死地, 而人類已將接受基督所帶來的新生. 基督的母親則以聞所未聞的優惠, 從有生之初, 便沾到血的救贖之光. 因着「預期」而在基督內「重生」的第一人, 她發覺自已却是新生的根源.

我們也在她身上看到被救贖的效果, 她在天使的啓示下, 知道自己從無始以來卽蒙上主寵愛, 是「滿被聖寵」者, 她一心無二的相信天主要求她做全人類的救主之母的話.

爲重新誕生, 人類需要一位母親, 不然的話, 這救贖便不是生命的更生, 只是法律上罪名的洗去而已. 基督死於他自己, 死於瑪利亞給予他的可朽之體. 他向前更走出一步, 可以說他「死」於他的生母, 剝去這份親子之情,正如他「棄絕」了他的父，如今，在十字架上，他棄絕了慈母，他把她付給全人類，好讓全人類在他內重新誕生於神的生命，重新「滿被聖寵」.

以此看來，瑪利亞比厄娃更眞確的，基本地，是我們的母親. 在這樣的理解下，新約中有關參與基督死亡及復活而重新誕生的語句就豁然開朗了. 我們在瑪利亞的胎盤內又結爲珠胎. 而瑪利亞因對她兒子的奧秘的參入，也在聖神中成爲全人類的母親.

「世世代代要稱她爲有福」，稱她爲救世之母，就是爲了這個原因. 她的地位就在我們因聖神重生的根源: 她聖子的左右. 我們若知道她藉着聖神的紅繩和父的締結有多麼深刻，也就明白她旣生產了人性內的基督，也不住生產着我們，並給予我們一副深似她兒子耶穌的面貌，這是在十字架下揭露給我們的奧秘，不久之後，當瑪利亞蒞臨教會的誕生時，這奧秘更是光茫萬丈.

二十五、瑪利亞在晚餐廳

　　加爾瓦略幕落之後，瑪利亞又退出福音的敍述. 復活之晨，到墓墳去的婦女中沒有她. 沒有一次顯現的敍述提到她，但我們知道她就在附近，因爲她住在若望家中.　當宗徒和耶穌的朋友們集聚一起時，　她很可能在座，但要等到耶穌一去不返之時，敍述中才提起她.(宗一：14)

　　有極佳的理由可以想見她參加耶穌與門人共用的最後一餐，　餐後祂便帶着他們登上橄欖山，讓他們作升天的目證. 到了山上，耶穌降福他的門人，　並派遣他們，「但當聖神降臨於你們身上時，　你們將充滿聖神的德能，要在耶路撒冷及全猶太和撒瑪黎雅，　並直到地極，爲我作證人.」(宗一：8)白雲象徵耶穌進入另一個世界，過與昔日在世間不同的生活. 雲是奧妙的影象……

　　基督進入雲中，而神聖的實際仍隱藏於我們的眼目，爲耶穌的朋友，穿過雲層，跟祂進入天主的光明時辰尚未來到. 他們只能以信德的行爲穿越這片雲，但他們從這一刻起便相信耶穌回到他的光榮之中. 所以他們很高興，如路加所說「他們叩拜了他，皆大歡喜地返回了耶路撒冷，」(路廿四：52)

　　也因爲從此進入光榮的耶穌曾許諾派遣聖神住在他們心中，　爲他們講解主說給他們的一切，他們滿心愉快.

　　耶穌消失之後，他的門人與朋友便回返耶路撒冷.「他們進入城，就上了那座他們所居住的樓房，　在那裏有伯多祿、若望、雅各伯、安德肋、斐理伯……及雅各伯兄弟猶達. 這些人同一些婦女及耶穌的母親瑪利亞並他的兄弟，都同心合意地專務祈禱.」(宗一：13－14)

　　在初期的信徒，親友的中間，有瑪利亞做一位慈母．她從耶穌的母親變成我們的母親，也是初生教會的母親．她因聖神的德能，偕同聖父，誕生了她的兒子的神妙身體．她曾把身體和人的本質給予她的兒子，在人類與她兒子相通的過程上，她玄秘地繼續着這個角色，直到時代的終結，她是教會之母．從升天到五旬節間的日子是祈禱守望的日子，瑪利亞和這小小的團體一同等待聖神的來臨，在寂靜的等待中，她是感召大家的人．

　　但她的等待有不同的性質，天主取人血肉的時刻，她以絕對獨特的方式看出聖神在她身上的行動．五旬節日她又領受聖神再一次的灌頂，但這一次她不再是孑然一身，她是在初期基督教團體中領受的聖神．這次聖神的昭露，使她對聖神從她有生之始在她身上的動作有了嶄新的悟解，也肯定了她兒子在十字架上托給她的嶄新母職．耶穌的母親，如今她又是教會之母……她是這教會的心與靈魂．她尚未眞正的成爲全人類的母親，她是謙遜而堅忍的童貞女；她能在沉默中等待這個時辰．

二十六、瑪利亞的第三次靜默

　　瑪利亞在晚餐廳露面之後，完全退出新約的記敘(在默示錄中關於她的文字不直接屬於歷史)，瑪利亞進入無邊的靜默之中．我們知道若望接她回去，但不知道若望住到那裏去了，傳承說是厄弗所；這是很可能的，瑪利亞會跟着若望……到那裏並無關緊要．我們所注意的是她的沉默與人們對她的絕口不提．現在，她的靜默和她在耶穌少年時期的一樣，這並不是說她對初生的教會沒有什麼影響．

　　如此看來瑪利亞總是母親，耶穌的母親，照顧着教會成長，以母愛的關注捧負着它，直到天地終了，直到全人類成爲至人眞人．至人眞人的實現也就是基督妙身的長成，必須「使天上和地上的萬有，總歸於基督元首」(弗一：10)．瑪利亞時時親在於教會的這條漫長的路程上．和耶穌生前一樣，不露頭角，却事事有份，她在我們的歷史中偶而幾次「顯現」只不過是經常照拂，永遠掛心的表露而已．

　　瑪利亞是永遠的母親，因基督的恩寵在天性的深處重生的人類的母親，如今在耶穌升天後的大靜默是功成事就後平安的靜默．耶穌死後，在加爾瓦略山上，她的靜默是痛苦的．這時，她的靜默是愉快的，她從容地反顧她的一生，眞的那是如此的平凡，又如此的不凡她肯於步入天主行動的奇妙大千．她愈是回想所有的經歷，愈明白它們都環環相接，互成因果．如今，每一踏過的步子都具有意義，彷彿有一條金線，穿連了她一生的一分一秒，與天主的計劃相織相結，「是全照他在愛子內所定的」(弗一：9)，也好似一條愛的光芒所輝耀的大道．

我想, 就在這夕陽無限好的晚年, 她向路加及其他的人講述了天主對她所行的一切. 這是她對子女們的責任, 一如耶穌向他的朋友、宗徒們無所不談, 瑪利亞也向作她子女的人們披露心腹, 為她這是很容易的. 習慣於聽她講述往事的人覺得沒有一點誇張, 沒有一點「神蹟」性, 只有天人合一的奧秘在她內完美的成就.

為達成天人合一, 天主沒有把她帶入神仙世界, 使她意亂心迷. 不, 一切都成就於平平庸庸的人間情事內, 像出嫁、懷胎、婦職等. 因為她的一生便是不平凡的使命: 生育天主之子, 這不凡之事却盡可能在簡單的人間情況下完成, 神聖的工化只有她和一二知己能有認知的慧眼.

耶穌在死時一切都「做好」(Consummé.)了, 但他的工作却未成功, 因為「達到完成」(希五: 9)的時刻尚未到. 為瑪利亞也是一樣, 她以另一種方式走向她的「完成」.

耶穌在壯年死去, 自願在服從內將生命奉獻給聖父. 這樣他證實了他在人的生命中無法充份發顯的神性, 他也這樣救我們於死亡.

瑪利亞却要繼續活下去, 陷入日深一日的平安內. 這使我想起佛陀在弟子門人圍繞下安然逝去的形像. 佛陀所走的路和基督的迥異. 但我覺得瑪利亞很有類似之處. 我想她樂享壽考(耶穌不能這麼做), 是保祿所說「在瓦器中存有」神聖生命「這寶貝」(格下四: 7)的奧秘的一幅美妙寫照.

瑪利亞非常明白「如果我們這地上的帳棚的寓所拆毀了, 我們必由天主獲得一所房舍, 非人手所造, 而永遠在天上的寓所」(格後五: 1)瑪利亞在人間的最後幾年, 心中豈不越來越這這個事實所充滿嗎?

二十七、升天

　　瑪利亞的歷史以她的逝世爲終結, 關於這雖然有不少稗官野史, 我們毫無所知. 我們所確知的, 是不久以後, 在基督信徒間便出現了一個節目: 童貞聖母的「安眠」, 慶祝瑪利亞的終享天年, 「死於安樂」(不同於她的兒子). 按敎會的口氣, 瑪利亞的身體與靈魂「被接升天」, 她如此返回先已打開父家大門的她兒子的身邊.

　　很多基督信徒難以接受「蒙召升天」一事, 以爲那是善男信女的妄想. 不錯, 這事違反我們所習慣的經歷, 但今日人們對人格的一致如此敏感, 如此强調不可把靈魂與身體分離, 好像兩件事一樣; 今日又有那麼多的心靈毫不猶疑地相信我們所謂之「靈魂」, 在肢體腐朽時必定一同逝去; 那麼, 認爲身體隨同靈魂進入無疆的生命, 又有什麼荒誕無經之處?

　　蒙召升天的說法是敎會對瑪利亞獨一無二的奧秘的信仰長久思考的果實, 她之承認此事, 不僅由於傳承的敍述, 更由於其他啓示的內容. 啓示是最能道說信仰, 闡述這在光榮中完成的奧秘的詞句.

　　瑪利亞的天性旣未變形, 也未蒙汚, 所以對以一原始的呼氣賦予她生命的聖神完全的受敎. 瑪利亞的人性是神聖實際的最佳表達, 天主最近似的「肖像」(創一: 26). 終其一生, 瑪利亞的精神, 心, 身都完全地受敎於聖神. 她本質的每一根纖維都受聖神的撥動. 無一處逃離聖神的行動, 否則她無法把一個身體, 一顆心, 一個精神給予天主的聖言.

　　我們必須試着衡量在她內, 因着她, 「聖言取了血肉」(若一: 14)是什麼意義. 她是以身體的一切功用, 心的一切能力, 精神的一切官司參與了這個奧秘. 天主聖子並不僅「在她內」, 更是「藉着她」而成爲人. 所以不應把她的升天看做天主賞賜給祂聖子之母的一次恩典, 一份贖報. 蒙召升天是瑪利亞奧秘的很邏輯的一部.

凡造成有生之物的都來自給予她生命, 光明與愛的聖神, 在聖神之外無「處」可以維生. 使人與聖神分離的, 不是肉體而是罪. 按天主最初的計劃, 由聖神所鼓舞的人類應常受聖神的驅使, 以至於人死時聖神完全入主人的本質. 我們所謂之人類, 以及人類的歷史, 原應全由聖神所攫取而返本歸源.

瑪利亞卽是如此, 她死後, 或「安眠」後, 曾將她呼喚到生命中來, 使她有能力做天主聖子之母, 在她本質的每一根纖維中策動她的聖神, 從此, 永遠的攫取她本質的全部, 使她永遠地, 完全地過至聖的唯一生命. 這便是我們以傳統的字句所稱的「瑪利亞蒙召升天」.

二十八、瑪利亞在今天與明天

　　瑪利亞是耶穌和我們的母親，今天是，永遠是．她沒有開創鴻業，光耀一世，不像一些歷史上的名女人，以超衆的勇氣使男人驚奇，或以傾國的美色使他們看迷．她的名望，來自受上主的寵愛，多過任何人．

　　天主對她的殊寵，只有一個理由：祂創造了她，揀選了她，作她聖子的母親．天主「竟這樣愛了世界，居然把獨子給了它」(若三：16)，該怎樣的愛那身懷聖子的人？天主的本質就是無上的玄秘，我們只能窺見一絲微明，若望以四個字來表達：「天主是愛」(若一：4; 8; 16)

　　瑪利亞身爲女子的一生，便投入天主的愛．她和任何人一樣過愛的日子，只不過其完整，深遠，密切，無人能與相比．她整個的自我都投入天主取人類血肉的奧秘．所以連她的肉軀也被捲入聖父的光榮，不必等待時日之末，基督的重來．爲她，基督已經來了，整個的來了．基督領先進入光榮，也得請母親進去，不等到時日的終了．而瑪利亞也因她與聖三的關係而免受時間的約制，天主聖言在時辰來到之際取了血肉，便戰勝了時間，也使祂的母親得勝．正如西勒貝克斯關於瑪利亞的名言：「全人類的身體與靈魂救援，就始於目前，不必等待時日終了」．[1]

　　瑪利亞歸返到整個生命，光明與愛的本源．她返回她在無始之始所出自的神聖領域，「父的懷抱」我們要以這種精萃關係爲本，來靜觀她之爲救世之母．她藉着救主，與救主相偕，處於天主和人類及全受造界間關係的結扣上．她藉着她體內取血肉的聖言，與聖言相偕，成爲原祖犯過後神聖

---

1) E. Schillebeekx Marie de la Redemption Ed. du Cerf 1963 p.83

計劃的傑作.

表揚瑪利亞無須豐詞盛藻，歌功頌德……表揚瑪利亞，是承認自古以來她在聖三心中所有的光榮．今日基督教思想對天主取人血肉的神性與人性的「實際」的深究，有引人再將全部注意力集中於耶穌基督的幸運成果．而對基督的奧秘更深入的了解不能不使人更正確地研究瑪利亞，基督之母的內在奧秘．

在瑪利亞之書的字裏行間，我們不怕引用一些東方的思想，因爲亞洲的偉大宗教與哲學有深遠流長的內修傳統．我們的尋求可以幫助我們走上一條歸去來兮的道路，即瑪利亞一生向着自己內在奧秘返回的路：「她把一切記在心中，尋求其意義」(路二：19)

她的歸程沒有一點心理追求的憂惶，更沒有顧影自憐的驕矜．她過着眞正的內修生活，這生活展向着她自己的極深處與神之深處開放着．

同時，這樣的內在行程也使她對週遭的人，以至於全人類全心地關注．從沒有比她更深入自我又更向他人推心置腹的女人．

天主特別的恩典，使得她成爲楷模，有美妙超衆的自信，完全地向神開啓，又對人類關注．

這事生於昨日，成於今朝，留待明日．瑪利亞，天主之母，人類之母，永遠的母親．

김옥희 안나 수녀

· 약 력 ·

(現) 한국순교복자수녀회 수녀
(現) 오륜대 한국순교자기념관 관장
(現) 한국 가톨릭 문화 연구소 소장

서울대학교 대학원 역사학 석사
프랑스 파리 소르본느 (Paris Sorbonne) 대학교 사학 박사
부산여자대학교 교수 역임
부산대학교 강사 역임
수원대학교 사학과 교수 역임
선문대학교 역사학과 교수, 도서관장, 인문대 학장 역임
선문대학교 역사학과 명예교수

· 주요논문 ·

「西學의 受容과 그 意識構造」
「Le Role Yi Pyok dans L'introduction et La Diffusion du Catholicism en Corée」
「다산의 중용주해서에 나타난 서학사상」
「상징학적으로 본 曠菴 李檗의 『聖敎要旨』構造에 관한 硏究」
「이순이 누갈다의 옥중서신과 그 史的 意義」
「조선교구의 활동」
「柳閑堂 權씨의 『언행실록』에 관한 연구」
「한국 천주교 박해시대 교우촌에 관한 史的 考察」(1,2,3)
「조선후기 천주교 부녀자들의 '담회'활동에 관한 고찰」
「다산의 『심경밀험』에 나타난 심성론에 관한 고찰」

· 주요저서 ·

『曠庵 李檗의 서학 사상』
『제주도 신축년 교난사』
『한국천주교여성사』
『최양업 신부와 교우촌』
『한국천주교사상사』,(1,2)
『한국교회사론. 저해제집』
『최양업 신부님의 삶과 죽음의 노래집』
『영혼의 빛』
『103위 성인전』
『무명의 순교자와 증거자』
『가톨릭 문화 문고 1—10』
『마리아의 책』
『한국 서학사상사 연구』
『신유박해 순교자들』

명상의 빛 성모마리아

- 초판 인쇄 2007년 10월 30일
- 초판 발행 2007년 10월 30일

- 지 은 이 김옥희
- 펴 낸 이 채종준
- 펴 낸 곳 한국학술정보㈜
  경기도 파주시 교하읍 문발리 526-2
  파주출판문화정보산업단지
  전화 031) 908-3181(대표) · 팩스 031) 908-3189
  홈페이지 http://www.kstudy.com
  e-mail(출판사업부) publish@kstudy.com
- 등   록 제일산-115호(2000. 6. 19)
- 가   격 29,000원

ISBN   978-89-534-7533-5 93230 (Paper Book)
        978-89-534-7534-2 98230 (e-Book)